일의 80%를
줄이는 방법

일의 80%를 줄이는 방법

하지 않아도 되는 노력은 하지 않는다

최소한의 일로 최대한의 성과를 뽑아내는 우선순위 판단의 기술

이다 요시히로 지음 최현영 옮김

푸른숲

차례

프롤로그   일의 80%를 그만두어야 하는 이유   11

책상 전화기 코드를 뽑아버린 순간   16

완벽주의를 내려놓으면 시간과 마음에 여유가 생긴다   18

1¶   일의 80%를 줄이는 사고방식

'이 정도는 해야지'라는 전제를 의심하라   23

완벽주의가 지닌 의외의 함정   26

성실한 사람은 필요 이상의 노력을 짊어지려는 경향이 있다   28

3분의 1의 시간에 같은 성과를 낼 수 있다면   30

가방 정리부터 시작하자   34

가치가 낮은 업무에 에너지를 소모하지 않는다   37

업무는 '신선할 때' 끝낸다   40

필요한 꼼꼼함일까 단순한 자기 욕심일까?   44

일의 80%를 줄이는 습관 1   49

2¶

하지 않을 일
목록 만들기

요령이 없는 게 아니라 할 일이 너무 많은 것이다   53

선택하는 힘을 단련하는 법   56

다른 사람이 기대하는 것보다 내가 원하는 것에 집중한다   61

'하지 않을 일 목록'의 헤아릴 수 없이 많은 장점   63

모든 것을 내가 해야 한다는 착각을 버리자   66

일의 80%를 줄이는 습관 2   67

3¶

멈추지 않고
일이 흘러가게 하는 법

완벽한 회신 때문에 고민이라고? 속도가 열쇠다!   71

행동으로 옮길 최적의 타이밍은 항상 '지금'이다   74

완벽주의자가 즉시 행동하지 못하는 이유   76

내가 보기에 20점이라도 상대가 수긍한다면 '합격점'이다   80

공은 받자마자 패스하는 것, 계속 가지고 있으면 안 된다!　　83

하나를 선택하면 하나를 버린다　　86

종이에 장단점을 써보면 판단이 쉬워진다　　89

최초 판단에 얽매이지 않기　　93

상황은 항상 변화하므로 '현시점'을 의식하라　　96

어디서부터 시작해야 할지 막막할 때의 대처법　　100

최소 노력으로 최대 효과를 내는 업무 필터링　　104

전체 과정의 나침반이 되는 목표 설정법　　108

타인에게 인정받고 싶은 심리를 이용한다　　113

일의 80%를 줄이는 습관 3　　117

4 ¶

전환 비용을 제거하라

여러 업무를 오가면 누구나 지친다　　121

브라우저 탭은 하나만, 멀티태스킹 하지 않기　　125

집중할 수밖에 없는 상황을 만드는 네 가지 방법　　129

전환 횟수를 줄이고 자기 본연의 능력을 끌어내자　　132

버리는 시간을 아껴줄 업무 저장소 만드는 법　　138

현재 당신의 업무 저장소는 몇 곳?　　141

종이는 '버리기', 디지털은 '남기기'　　143

일의 80%를 줄이는 습관 4　　147

5

플랜B가 있으면 업무 지연과 트러블이 무섭지 않다

외국계 기업이 업무 지연을 문제 삼지 않는 이유   151

아무리 철저히 준비해도 돌발 상황은 발생한다   153

당신을 구할 플랜B, 항상 대안을 준비하라   156

업무 지연을 만회할 수 있는 다섯 가지 백업 방법   159

늘 새로운 방법에 주목한다   162

리스크 관리를 통해 안심하고 일을 추진하자   164

백업 계획은 단 한 가지보다 여러 가지가 좋다   167

팀으로 일할 때는 예비 시간을 확보하자   170

일의 80%를 줄이는 습관 5   173

6

타인을 내 편으로 만들면 업무가 훨씬 편해진다

부탁하는 능력은 훌륭한 업무 기술이다   179

미국 유학에서 익힌 타인에게 의지하는 힘   182

현명하게 도움을 요청하고 받는 방법   185

상대를 존중하면서 거절하는 기술을 익히자   190

업무 능력이 뛰어난 사람은 항상 '사람'에게 초점을 맞춘다   193

상대방의 의향을 제멋대로 넘겨짚지 않는다   197

좋은 협업의 '치트키', 유연성과 배려심   200

일의 80%를 줄이는 습관 6   204

7¶ 계획대로 되지 않더라도 당황할 이유는 없다

차질이 생기는 것도 프로세스의 일부   209

가장 솔직하고 최대한 빠른 선택이 필요할 때   213

초조할수록 타인에게 하듯 자신에게도 정중하게   218

일의 80%를 줄이는 습관 7   220

8¶ 일상을 깔끔하게 정리해줄 다양한 도구들

머리 쓰는 일은 아침에, 재충전은 오후에   225

내일 할 일은 전날 밤에 준비해두면 마음이 편안하다!   228

자기 긍정감을 높여주는 도구, 디지털 달력을 사용하자   232

잘 잊어버리는 사람의 구세주, 알림 기능   236

반드시 프로세스를 가시화하자   239

일의 80%를 줄이는 습관 8   245

9 ¶ 티끌 모아 태산 되는 자투리 시간 활용법

시간 감각을 바꾸면 불가능했던 일이 가능해진다   249

하루를 '24시간'에서 '86400초'로   252

자투리 시간을 낭비하지 않는 팁   256

타임 블로킹 사고법   260

일의 80%를 줄이는 습관 9   265

10 ¶ 시간 단축 & 효율 향상! 인터넷 활용 기술

템플릿과 포맷을 가능한 한 많이 이용하라   269

템플릿과 포맷으로 일상 업무를 최적화한 세 가지 사례   271

부담 없이 빠른 답변이 가능한 '자주 쓰는 문구 등록'과 '음성 입력'   275

매일 할 일을 스마트하게 하자   279

일의 80%를 줄이는 습관 10   282

에필로그   업무관리란 '한정된 시간을 소중히 사용하는 것'   285

프롤로그
일의 80%를 그만두어야 하는 이유

우리는 왜 늘 시간에 쫓길까요? 할 일은 너무 많은데, 시간은 너무 없어서? 이런 생각이 자주 든다면 혹시 아래와 같은 상황에 빠진 적은 없는지 생각해보세요.

- 일하느라 애쓰는데도 일이 생각처럼 진척되지 않아 마감 직전에 언제나 허둥지둥한다.
- 할 일이 잔뜩 쌓여 있어 어디서부터 손을 대야 할지 막막하다.
- 미루는 버릇 때문에 늘 일에 쫓기다 보니 내 시간이 거의 없다.
- 큰맘 먹고 산더미 같은 업무를 하기 시작했지만, 그간의 노력은 다 어디로 갔는지 도무지 성과가 보이지 않는다.

고개를 끄덕이고 있다면, 지금이야말로 이제껏 고수해온 방식을 재정비할 절호의 타이밍인지도 모릅니다.

저도 어느 시점에 이르러 업무 방식을 대폭 수정했더니 시간 사용법은 물론 인생까지 180도 바뀌었습니다. 바로 '모든 것을 혼자서 완벽하게 하겠다고 전부 다 열심히 할 필요는 없다'는 사실을 알게 되었기 때문입니다. "네? 열심히 하지 않는다고요?" 제 말에 당황하며 이렇게 반문하는 분도 계시겠지만, 이러한 사고방식의 변화가 제 생활을 완전히 바꾸었습니다.

성과는 업무 시간 안에 낸다 ✎

대학 졸업 후 처음 입사한 벤처기업에서 저는 '무조건 열심히 하자', '주말에도 일하자'라는 자세로 업무에 임하며 일중독에 빠졌습니다. 그때는 열심히 하면 그만큼 성과가 나와서 더욱더 노력해야겠다는 마음에 꽤나 긴 시간 동안 일에 몰두했습니다.

그러나, 외국계 기업으로 이직하고 나서 이런 '노력'만으로는 통하지 않는다는 것을 절실히 느꼈습니다. 지금은 대부분의 기업에서 당연한 일이 되었지만, 당시 제가 이직한 외국계 기업에서는 야근을 해서 결과물을 낸다는 것은 말도

안 되는 일이었습니다. 정규 업무 시간 내에 성과를 내야 했습니다.

지금까지 저는 '오랜 시간을 들여, 몸과 마음을 다해 일한다', '의욕과 근성을 가지고 노력한다'는 신조로 일해온 반면, 그 기업에서 요구하는 것은 '정해진 시간 내에 성과를 내기 위한 업무 방식'이었습니다. 제가 맡은 역할을 완수하기 위해서는 당장 근본적인 업무 방식과 사고방식부터 바꿔야 했습니다.

또한 '자신의 속도와 방식대로 업무를 추진하는 것이 중요하다'는 것 사실도 알게 되었습니다. 다른 사람과 비교해 무리하게 자신에게 압박하거나 조바심을 느낄 필요는 없습니다. 그런 조바심이 오히려 실수와 오류를 불러오기 때문입니다.

열심히 하지 않을 선택도 있다

그래서 저는 '성과를 내기 위해서는 어떤 일에 집중해야 하는가?', '왜 그 일을 해야 하는가?'라는 중요한 질문에 직면해 진지하게 고민했습니다.

그 결과, '효과가 높은 일에 집중할 것' 또는 '중대한 일인지 아닌지 판단해 하지 않을 일을 늘릴 것' 등이 성공적인 업무관리의 열쇠라는 결론에 도달했습니다.

단, 동시에 주의할 점도 깨달았습니다. '열심히 하지 않는다'는 선택 또한 중요하다는 것입니다.

일반적으로 우리는 성과를 얻기 위해 노력할 때 '이것도 해야 하고 저것도 해야 한다'고 여겨 오히려 할 일을 늘리기 일쑤입니다.

하지만 그 많은 작업 전부가 상대가 수긍할 만한 성과를 내기 위해 꼭 필요한 일은 아닙니다. 요컨대, '원래 하지 않아도 되는 일'을 스스로 늘리고 있을 가능성이 있다는 말입니다.

거꾸로 말하면 '열심히 하지 않는 것'을 택함으로써 '불필요한 일의 증가'를 막을 수 있습니다. 이런 소소한 노력을 통해 우리의 시간을 빼앗는 일을 줄여가야 합니다.

일을 줄임으로써 더 많은 성과를 창출한다

먼저 강조하고 싶은 점은 '열심히 하지 않아도 된다'는 마음가짐이 업무 태만을 의미하지는 않는다는 것입니다. 이러한 마음가짐은 오히려 한정된 시간 안에 효과가 높은 업무에 집중해 성과를 더욱 끌어올리기 위해 꼭 필요합니다.

우리는 '한정된 시간 사용법'을 개선함으로써 매일의 업무를 더욱 알차게 수행할 수 있습니다. 이렇게 하면 자신과 동료들뿐만 아니라 고객에게도 유익합니다.

만약 주위 사람들의 기대에 부응하지 못할까 봐 불안하다면 자신의 감정과 현재 상황을 명확하게 언어로 정리해 상대에게 전달하는 것이 좋습니다.

외국계 기업에서 매일 해외 팀원과 함께 업무를 추진하며 인상 깊었던 점은 바로 그들이 명확한 의사소통에 능하다는 것이었습니다. 우리는 보통 이런 소소하고 일상적인 의사소통에 서투른 경향이 있습니다. 그래서 뛰어난 능력을 갖추고 있음에도 기대만큼 높은 성과를 거두지 못하는 안타까운 경우가 꽤 많습니다.

그래서 이 책에서는 일상적인 의사소통을 잘할 수 있는 방법과 팁을 전하고 업무관리 능력과 효율성을 높일 수 있는 비결을 알려드리려고 합니다.

책상 전화기 코드를
뽑아버린 순간

구체적으로 제가 무엇을 '그만두기로' 했는지 소개하겠습니다.

외국계 기업에서 근무를 시작했을 때 저는 일이 너무 많아서 도무지 한 가지 업무에 집중하기가 어려웠습니다. 책상 위의 전화는 끊임없이 울리고 잇따라 업무 의뢰와 문의가 밀려들어 제 업무에 전념할 시간이 거의 없는 상황이었습니다.

더는 견딜 수 없는 한계에 이른 어느 날, 저는 큰맘 먹고 책상 전화를 사용하지 않기로 했습니다. 책상 전화벨 소리를 꺼버린 것입니다.

이런 결단을 내렸을 때 '이렇게 해도 정말 괜찮을까…' 하는 생각에 조금 두려웠지만, 업무 효율을 높이는 데 필요한 일이라는 확신이 있었으므로 과감히 실행했습니다.

내 시간의 주도권을 넘기지 않는다 ✎

물론 전화를 받지 않기로 마음을 정한 다음에는 보완책을 확실하게 마련했습니다. 예를 들면, 팀 내 의사소통을 할 때 일반 연락은 메일로, 중요성이 높지 않으나 확인이 필요한 사항은 채팅으로 해달라고 양해를 구했습니다. 그리고 긴급하거나 즉시 답변이 필요할 때만 휴대전화로 연락하도록 팀원들에게 부탁했습니다. 이렇게 의사소통 방식을 명확히 정하고 동료들과 공유했습니다.

처음 전화벨을 껐을 때 느꼈던 긴장감은 지금도 생생하지만, 그 감정은 일시적일 뿐이었습니다. 이 방식으로 바꾸고 나서는 제 업무 시간이 다른 사람에 의해 좌지우지되는 일이 부쩍 줄었습니다. 저의 시간을 가치 있게 사용할 수 있었고 업무의 질과 효율은 오히려 향상되었습니다.

지금 돌아보면 이 경험이 저의 업무 방식을 바꾼 중요한 전환점이었다는 것을 절실히 느낍니다.

완벽주의를 내려놓으면
시간과 마음에 여유가 생긴다

할 일이 많아지면 스트레스가 쌓이고 조바심이 생깁니다. 모든 것을 제시간에 해내야 한다는 생각에 사로잡히면 시간적인 압박감을 느끼게 됩니다. 때로는 패닉 상태에 빠지기도 하죠. 무엇을 해야 할지 몰라 일이 손에 잡히지 않을 때도 있습니다.

왜 이런 일이 생길까요?

할 일이 너무 많기 때문입니다.

그러나 걱정하지 마세요. 해결책은 매우 간단합니다. '필요 이상의 부분'을 잘라내면 됩니다. 즉, 할 일을 줄이는 것입니다.

저는 '80% 감축'을 목표로 하는 것을 추천합니다.

모든 것을 혼자 힘으로 완벽하게 해내려 하지 않고 '해야 할 일의 80%를 줄이고 나머지 20%에 집중'하는 것을 목표로 하는 것입니다.

그러면 업무 효율이 오를 뿐만 아니라 시간과 마음에 여유가 생깁니다. 게다가 80%를 줄여도 주위 사람의 평가는 크게 달라지지 않습니다. 어쩌면 일을 줄이기 전보다 오히려 더 좋은 평가를 받을 수도 있습니다.

이 말을 듣고 "앗, 업무를 80%나 줄인다고요?" 하고 의아해하실지도 모르겠습니다.

그렇습니다. 최저한도가 80%입니다.

10~20%를 줄이는 것을 목표로 삼으면 여태까지 관성적으로 해오던 습관이 있어 실제로는 좀처럼 일이 줄지 않습니다. 80%를 없애겠다고 결심해야 비로소 정말로 중요한 일이 보입니다.

또한 의미 있는 성과가 나는 일에만 집중해야 합니다. 그러면 이제까지 상상도 할 수 없었던 만큼 여유와 시간이 생기게 될 것입니다.

그 방법을 이제부터 구체적으로 알려드리겠습니다. 자, 업무관리 능력이 업그레이드된 새로운 자신을 만나러 가볼까요?

1

일의 80%를 줄이는 사고방식

'이 정도는 해야지'라는
전제를 의심하라

"○○씨는 완벽주의자군요"라는 말을 누군가에게 듣는다면 여러분은 어떤 생각이 드나요?

"그래요, 맞아요!"라고 대답하게 될까요?

아마도 그런 분은 많지 않을 겁니다. "아니요, 그렇지 않아요"라고 대답하는 분이 훨씬 많겠지요. 여러분은 어떤가요?

저는 지금까지 연수와 세미나를 진행하면서 수많은 사람과 이야기를 나눠보았는데, 스스로 업무관리 능력이 부족하다고 말하는 사람일수록 완벽주의자인 경우가 많았습니다.

본인은 완벽주의자라고 생각하지 않지만, 이상이 대단히 높은 분들을 자주 봅니다. 솔직히 강사인 저보다 훨씬 더 철저해서 오히려 제가 압박감을 느낄 정도입니다.

그런데 그런 분일수록 스스로 업무관리 능력이 떨어진다고 생각하거나 자신감이 부족한 경우가 많아서 안타까운 마음이 들 때가 있습니다.

그래서 저도 모르게 "그렇게 자신을 혹독하게 다그치지 마세요!", "좀 더 편안한 마음으로 일합시다!"라고 말하기도 합니다.

내가 무능하기 때문이라는 생각은 절대 하지 않는다

여러분은 학교에서 배우지 않았더라도 지금까지 자기 나름의 방식으로 일을 계획하고 관리해왔을 것입니다. 다만 최적의 방법과 사고법을 아직 몰라서 불필요한 힘을 쓰고 어려움을 겪는 경우가 종종 있습니다.

그래서 우선 이 말씀부터 드리려고 합니다.

설령 업무가 원활하게 진행되지 않거나 예정대로 진척되지 않더라도 절대로 내가 무능하기 때문이라는 생각은 하지 마세요.

업무관리가 어렵게 느껴진다고 해서 이 부분이 여러분의

약점인 것은 아닙니다. 오히려 현재 행동 양식과 사고방식에 개선할 점이 있다는 뜻입니다. 즉, 성장 가능성이 있다는 말이죠.

예를 들어, 원래 자신이 하지 않아도 되는 일을 열심히 하거나 할 일을 필요 이상으로 늘리는 경우가 있습니다.

또는 '이 정도는 해야지'라는 자기만의 생각으로 상대가 요구하지 않은 수준까지 일을 수행하거나 완성도를 높이기도 합니다.

'원래 당신이 하지 않아도 되는 노력'의 80%를 버리는 사고법과 그 구체적인 방법을 안다면 이제 더 이상 이런 고민에 빠지지 않을 수 있습니다.

완벽주의가 지닌
의외의 함정

현재 저는 업무 및 스케줄 관리, 프로젝트 관리 세미나를 개최하며 인재 육성에 관한 연수와 강연도 하고 있습니다. 또 제가 운영하는 회사와 공공기관에서 연간 100여 건이 넘는 상담과 컨설팅도 진행합니다.

이런 활동을 하며 다양한 배경을 가진 분과 이야기를 나누었습니다. 그러면서 걱정이 많은 사람, 경험이 적어 자신감이 부족한 사람일수록 본래 자신이 할 필요가 없는 일까지 하느라 일을 늘리는 경향이 있다는 사실을 깨달았습니다. 또 과도하게 눈치를 보느라 시키지도 않은 일을 하거나, 생각을 너무 많이 한 결과 안 해도 될 일을 스스로 만드는 사례도 흔히 볼 수 있었습니다.

그러다 결국 "시간이 없다!", "할 일이 너무 많다!", "어떡하지…" 하며 자신을 몰아세우고 다그치는 지경에 이르는 경우도 많았습니다. 이런 경향이 있다는 사실을 알고 나서 저는 다양한 사람의 업무 추진 방식을 눈여겨보는데 이런 일은 완벽을 추구하는 분들에게서 자주 일어납니다.

무엇이 중요한지 파악하고 필요 이상의 노력은 내려놓자

완벽을 추구하는 것 자체가 나쁜 일은 아닙니다. 문제는 무의식중에 하지 않아도 될 일까지 꼭 해야 한다고 굳게 믿는 바람에 할 일을 늘려서 다른 중요한 업무에 지장을 초래한다는 사실입니다.

완벽주의적인 성향이 있는 것은 결코 나쁜 일이 아닙니다. 최고의 성과를 내고 싶다는 강력한 의지의 발로이기 때문입니다. 그러나 그 완벽주의가 자기 자신을 괴롭히고 다른 중요한 업무에 영향을 미친다면 잠시 멈춰 서서 자신의 시간 사용법과 업무관리법을 곰곰이 점검해봐야 하지 않을까요?

성실한 사람은 필요 이상의 노력을 짊어지려는 경향이 있다

'해야 할 일'을 하나하나 처리하다 보니, 눈 깜짝할 새에 하루가 끝나버린 경험이 누구에게나 있을 겁니다.

그럴 때 성취감을 느끼는 사람도 있겠지만, 이런 업무 방식이 정말로 능률적인 시간 사용과 효율적인 일 처리를 의미하는 것일까요? 잠시 멈춰 생각해봅시다. 여러분은 어떻게 일하고 있습니까?

이것은 10여 년 전 제 이야기입니다. 당시 저는 아침부터 밤늦게까지, 이에 더해 주말까지 쉬지 않고 열심히 일했습니다.

일하면서 보람도 느꼈고, 누가 강제로 시켜서 하는 일이 아니었기 때문에 특별히 부정적인 감정에 휩싸이거나 스트레스를 받지는 않았습니다. 다만 '스스로 수긍할 만한 성과를 내려면 당연히 이 정도로 오래 일해야 한다'는 사고방식에 갇혀 있었습니다.

그러나 외국계 기업으로 이직했을 때 여태까지처럼 장시간 열심히 일하는 방식은 통하지 않는다는 것을 뼈저리게 느꼈습니다. 정규 업무 시간 내에 성과를 내도록 요구받았기 때문입니다.

제 역할을 완수하기 위해서는 그때까지의 업무 방식과 사고방식을 근본적으로 돌이켜볼 필요가 있었습니다.

그 결과 제가 깨달은 것은 '완벽함에 대한 집착'을 내려놓아야 한다는 것이었습니다. 그래야 과도하게 노력하지 않고도 제게 주어진 시간을 의미 있게 사용할 수 있었습니다.

시간과 노력을 많이 들여 일하는 것만이 좋은 결과를 내는 유일한 수단이 아니라는 것을 그때 배웠습니다.

이 경험을 통해 '나는 왜 이렇게 악전고투하고 있는가?'라는 새로운 문제의식을 갖게 되었고, 이는 새로운 자신과 새로운 세계를 발견하는 계기가 되었습니다.

저의 경험을 통해 터득한 효율적인 업무관리에 대한 개념과 요령을 정리해 알려드리겠습니다.

3분의 1의 시간에
같은 성과를 낼 수 있다면

일본의 벤처기업에서 외국계 기업으로 이직하고 나서 얼마 지나지 않았을 때의 일입니다. 일본의 벤처기업에서는 이른 아침부터 한밤중까지 일하고 휴일에도 일하는 것이 일반적이었습니다. 돌이켜 보면 지금은 생각도 할 수 없을 만큼 많이 일했습니다.

그러나 외국계 기업으로 이직한 후, 상황이 180도 바뀌었습니다. 인사 담당자가 '정시에 업무를 끝내고 결과를 내야 한다'고 강하게 압박했기 때문입니다.

또 저는 관리직이었기 때문에 저뿐만 아니라 팀원들이 야근하지 않도록 모든 팀원의 업무 방식을 관리하고 환경을 조성하는 역할도 맡고 있었습니다.

그래서 해외 리더들에게 배우고 가르침을 받으며 업무 방식을 근본적으로 바꾸었습니다. 때로는 상사의 지시로 지금까지 당연하다고만 생각했던 방식을 단순화하거나 필요한 작업만 선별하는 등 할 일을 줄였습니다.

해외 리더에게 제가 지금까지 수행해온 일이 "고객에게 의미가 없고 전체적으로 성과를 높이는 데 도움이 되지 않는다"라는 지적을 수차례 받았습니다.

당연히 제게는 충격으로 다가왔고, 당시에는 제가 오랜 기간 당연시해온 방식을 포기하는 것에 거부감을 느꼈습니다.

솔직히 말하면 저는 한편으론 리더의 말대로 그 방식들을 포기하는 게 좋겠다고 생각하면서도 과거의 성공 경험에 취해 이대로 유지해야 하지 않을까 하며 주저했습니다.

그러나 상사의 지시를 무시할 수는 없었으므로 일단 할 일을 줄여보았습니다.

성과로 연결되지 않는 업무를 그만둔다 🖊

실제로 작업량을 줄여보니 놀랄 정도로 단시간에 업무를 끝낼 수 있었고, 정말로 정시에 퇴근할 수 있었습니다.

그 일례로 '현지화 작업'을 재구축함으로써 특히 작업량을 크게 줄일 수 있었습니다.

자세히 설명하자면, 당시 저는 제품의 활용 사례 번역부터 일본어판 제작에까지 관여하고 있었습니다. 번역 회사를 이용할 때도 번역 품질 확인, 디자인 및 레이아웃 확인, 수정 내용 확인, 최종 확인 등 손이 많이 가는 공정이 수차례 있었고, 수정 스케줄 조정도 필요했습니다. 대단히 많은 시간이 걸리는 작업들이었지요.

그러나 이 부분을 들여다보고 제가 직접 피드백하는 단계를 조정하니 확인 작업 횟수를 기존 3~4회에서 1~2회로 줄일 수 있었습니다. 그러자 지금껏 작업을 완료하는 데 필요했던 시간의 3분의 1밖에 들지 않았습니다.

완벽함에 대한 집착, 사실은 '자기 욕심'일지도 모른다

결과를 마주하고 나서 '여태까지 내가 고수한 방식은 대체 무슨 의미가 있었을까?' 돌아보았습니다. 그때까지 제 자의적인 판단으로 그다지 관심 있는 작업이 아닌데도 뚜렷한 의미 없이 그 방식에 집착하고 있었다는 것을 깨달았습니다.

할 일을 줄이기는커녕 늘리고 있었던 주요 원인은 '저의 자의적인 판단'이었습니다.

이 경험을 시작으로 '상대방(고객)에게 가치가 있는 일만 한다', '효과가 높은 일에만 집중한다', '그것 외에는 자기 욕심이다', '내가 정말 하고 싶은 일을 한다', '고수할 것은 고수하지만, 중요하지 않은 일에는 내 의견을 고수하지 않는다' 등의 판단 기준을 하나하나 세워나갔습니다. 앞으로 그 이야기들을 들려드리겠습니다.

가방 정리부터
시작하자

방이나 책상, 가방 등에 물건이 가지런히 정돈되어 있지 않으면 필요한 물건을 즉시 찾을 수가 없습니다. 여러분도 그런 경험이 있을 것입니다.

저 역시 마찬가지입니다. 특히 출장이 많은 제 경우에는 가방에서 필요한 자료나 명함을 찾느라 진땀을 뺀 적이 한두 번이 아닙니다.

그래서 어느 순간, 이렇게 결심했습니다. '이런 일로 스트레스를 받는 건 이제 지긋지긋하다. 나를 바꾸자! 쾌적한 환경을 만들자!'

그래서 우선 '나는 어떻게 변하기를 원하는가?'부터 생각하기 시작했습니다.

'내가 평소 자주 쓰는 물건은 무엇인가?'

'이것들이 있어야 할 곳은 어디인가?'

'이것들 외의 물건을 전부 버릴 수는 없나?'

이런 흐름으로 생각을 이어가고 자문자답하면서 정리의 목표부터 역산해 정리 정돈의 규칙을 정했습니다.

그 결과 가방 속에는 지갑, 스마트폰, 컴퓨터, 클리어 파일, 명함 지갑만 필요하다는 것이 명확해졌습니다. 그 외의 물건은 없어도 그다지 아쉽지 않았습니다.

그래서 그것들 외의 물건은 전부 과감하게 가방에서 꺼냈습니다. 결과적으로 가방 속에 필요한 최소한의 것들만 남아, 언제든 곧바로 필요한 물건을 꺼낼 수 있게 되었습니다.

여러분도 한번 경험해보세요. 매우 편리합니다. 참고로 책상이나 방 정리를 할 때도 기본적으로 이와 같은 순서로 생각하고 행동하면 됩니다.

정말 필요한 것만 가방에 넣는다

이 정리법은 업무관리에도 응용할 수 있습니다.

지금 업무관리 때문에 고민하고 있다면 더 이상 어떻게

할까 망설이지 마세요. 제가 가방을 정리한 것처럼 자신에게 필요하지 않은 '80%의 업무'를 과감하게 선택하고 줄임으로써 '정말로 필요한 업무'만으로 여러분의 일정을 채워 보세요.

그것만으로도 지금보다 훨씬 효율적이고 쾌적한 업무 환경을 확보할 수 있습니다. 곧이어 그 방법을 자세히 설명하겠습니다.

가치가 낮은 업무에
에너지를 소모하지 않는다

명심할 것은 '중대한 일이 아니면 일단 하지 않는다'라는 전제입니다. 여기에서 '중대한 일'이란 '대단히 중요하거나 심각한 일', '큰 영향을 미치는 일'입니다.

즉, '절대적으로 필요한 일이 아니면 우선 제외한다'고 생각하세요.

업무관리를 잘하는 사람은 반드시 일을 추진하는 능력이 뛰어난 사람만이 아닙니다. 자신이 '해야 할 일'과 '하지 않아도 될 일'을 잘 구별하는 사람입니다. 자신이 하고 싶은 일과 해야 할 일에는 온 힘을 쏟아붓지만, 그 이외의 것은 신경 쓰지 않습니다.

해야 할 일을 늘리지 않기 위해서라도 '하지 않으면 심각한 문제가 발생하는 일' 혹은 '나중에 수정하기 어려운 일'에만 집중해보세요.

누차 강조합니다만, 지향할 목표는 '일의 80%를 줄이는 것'입니다.

업무 능력이 뛰어난 사람은 '선택'을 확실하게 한다

여기서 80%는 제 경험에서 온 숫자지만, 확실한 근거도 있습니다. '파레토 법칙'이라는 말을 들어보셨나요? '80:20 법칙'이라고도 부르는데, 전체 성과의 80%가 전체 노력의 20%에서 발생한다는 개념입니다. 즉, 효과적인 20%의 업무에 집중하면 효율적으로 전체 성과를 끌어올릴 수 있다는 의미죠.

항상 의식적으로 '사용 시간만큼 효과가 있었는가?', '소요 비용에 상응하는 효과가 있었는가?' 등의 질문을 던짐으로써 '무엇을 하면 더욱 높은 효과를 거둘 수 있을지' 고려한 다음, 효과가 높을 것으로 판단되는 일에 집중해야 한다는 점을 염두에 두세요. 그러면 '이것도 해야 하고 저것도 해야 한다'에서 '이것만 확실히 하자'로 발상의 전환이 일어납니다. 단지 그것만으로도 업무에 투입되는 전체 시간이 기존보다 현저히 감소합니다.

업무는
'신선할 때' 끝낸다

여러분은 현재 자신이 수행하고 있는 모든 일을 완벽하게 해내고 싶습니까? '최선을 다하겠다', '스스로 납득할 수 있을 때까지 완성도를 높이고 싶다' 등의 마음가짐은 물론 훌륭합니다.

그러나 'OO해야 해!'라는 생각이 너무 강하면 때때로 몸이 가루가 되도록 일에 몰두하며 자신을 닦달하고 몰아세우는 지경에 이르게 됩니다.

그러다 보면 의외로 극심한 스트레스를 느끼면서도 자각하지 못할 수 있습니다. 그 스트레스가 생각지 못한 곳에서 업무의 질을 저하시키거나 일정을 지연시키는 결과를 낳을 수도 있고요.

일의 가치는 '질'과 '속도'

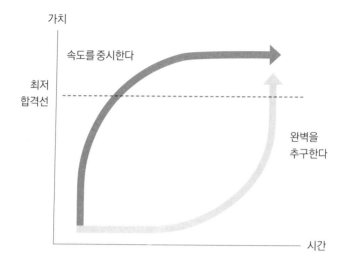

일의 가치는 '질'과 '속도'가 결정한다 ✏

저는 여러분이 꼭 속도를 중시하는 태도를 자기 것으로 만들면 좋겠습니다.

'업무의 성과 가치'는 '업무의 질 ÷ 소요 시간'이라고 생각하십시오. 빈틈없는 업무 수행으로 질을 높이는 것뿐만 아니라 '소요 시간'도 중요하다는 말입니다.

'그렇다면 일을 대충 하는 것(완성도를 떨어뜨리는 것)과 무엇이 다른가?'라고 생각하는 분도 있겠지만, 전혀 그렇지 않습니다. '일을 대충 하는 것'이 아니라 필요한 업무의 품질을 유지하며 최대한 신속하게 결과를 내는 것입니다. 업무를 의뢰한 사람이 요구하는 것을 가능한 한 빨리, 최소한의 형태로 제시한 다음 그 상태로 통과시킬지 수정할지 여부에 대한 판단은 의뢰인에게 맡기는 것입니다.

그러면 자신이 업무를 필요 이상으로 심각하게 받아들였다는 사실을 깨달을 수도 있고, 불필요한 감정에 휘둘리는 일도 부쩍 감소할 것입니다.

반쯤 완성한 상태로 우선 제시해보자 🖊

예를 들어, 주어진 업무를 시작할 때 초반에 아주 간단하게 최소한의 형태로 정리해 상대에게 보여주는 것은 어떨까요?

초기 단계에 신속히 초안을 제시함으로써 상대의 의견도 얻고 수정할 곳을 찾아 작업할 시간도 벌 수 있으니까요. 이는 최종적으로 전체 품질 향상으로도 이어집니다.

'반쯤 완성한 상태'에서 우선 제시한다는 마음가짐이면 충분합니다. 완벽함을 추구하기보다 기한 내에 확실하게 일을 매듭짓는 것을 우선으로 생각하세요.

무슨 일이든 생각처럼 되지 않을 때도 있고 상황이나 요청이 바뀔 수도 있습니다. 그러므로 속도를 먼저 고려한 뒤 필요에 따라 조정하는 것이 현명합니다.

필요한 꼼꼼함일까
단순한 자기 욕심일까?

제 클라이언트 A 씨의 사례를 소개하겠습니다.

발표 자료 작성 능력이 탁월한 A 씨는 상사와 고객에게도 그 능력을 높이 평가받았습니다.

그러나 A 씨가 중시하는 점은 글자 폰트와 색상 등 자료의 세부적인 디자인을 꼼꼼하게 완성하는 것이었습니다. 이 고집 때문에 자료 작성에 드는 시간이 늘어날 뿐만 아니라 본래 가장 중시해야 할 자료의 내용을 경시하는 우를 범하기도 했습니다.

그렇지만 평소에는 차질 없이 업무를 추진해왔으므로 A 씨는 그 문제를 간과했습니다.

그러던 어느 날, 전환점이 되는 사건이 발생했습니다. 어느 중요한 프로젝트 자료를 작성할 때 특유의 꼼꼼함을 고집한 결과, 정작 중요한 내용이 피상적인 수준에 그쳤고 마감 시간도 지키지 못해 상사와 고객에게 불평을 사고 말았습니다. 이 일을 통해 A 씨는 '쓸데없는 꼼꼼함에 집착하다가 일을 지연시켰다'는 중요한 교훈을 얻었다고 합니다.

A 씨에게서 업무관리에 관한 상담을 요청받은 저는 다음과 같은 것을 시도해보라고 조언했습니다.

❶ 자신이 중시하는 점 열거해보기

현재 자신에게 정말 필요한 것이 무엇인지 객관적으로 점검해보세요. 스스로의 가치관과 목표를 재확인함으로써 자기 자신에 대한 이해가 깊어집니다.

❷ 그 점을 중시하는 이유 명확히 밝히기

왜 그 점을 중시하는지, 자신의 내면에서 의미를 확실하게 찾아보세요. 자신이 중시하는 점이 자신과 타인에게 어떤 영향을 미치는지, 긍정적인 면과 부정적인 면을 모두 생각해보세요. 자신이 그렇게 행동하는 이유를 명확히 밝힘으로써 중요성과 영향이 객관적으로 보입니다.

❸ 새로운 경험 시도하기

타인의 관점과 경험을 이해하기 위해 의식적으로 평소 생활에서 한 걸음 물러나 새로운 경험을 해보세요. 낯선 장소에 가거나 새로운 사람들과 교류해보면 자신의 성향과 가치관이 수많은 견해 중 하나에 불과하다는 것을 깨달을 수 있습니다. 이 경험은 자신의 사고방식과 가치관을 새롭게 발견하고 자신과 다른 의견이나 가치관을 수용하는 유연성을 기르는 기회가 될 수 있습니다.

❹ 자신의 집착을 분석하고 재평가하기

내가 고집하는 신념, 그것이 진정 중요한 것일까 한번 멈춰 서서 생각해보세요. 다른 관점과 의견을 받아들임으로써 집착의 깊이와 범위를 보다 확장할 수 있습니다. 당연시했던 자신의 성향에 의문을 품고 재평가하는 과정에서 새로운 관점이 싹틀 수도 있습니다.

❺ 다른 사람과 비교하지 않기

자신과 타인을 비교하는 것은 피하세요. 다른 사람과 비교하면 스트레스를 받게 되고, 이는 특정한 것을 고집하는 성향을 더욱 강화하는 요인이 됩니다. 외부를 보지 말고 자신의 내면에 집중하세요.

❻ 자신의 직감을 의심해보기

평소 우리가 당연하다고 생각하는 의견과 신념도 타인의 시선으로 보면 하나의 관점에 불과합니다. 자신의 직감과 생각에 의문을 품고 그 근거와 배경을 곰곰이 되돌아보세요. 배경과 환경이 다른 사람들의 의견을 수용함으로써 스스로를 성장시키고 이해의 폭을 넓힐 수 있습니다.

이 과정을 통해 A 씨는 과도한 꼼꼼함에 대한 집착을 버리고 발표 자료의 내용에 집중하게 되었습니다. 그 결과, 자료 작성 시간이 단축되고 발표 자료의 충실함에 대한 평가도 높아졌습니다.

앞서 제시한 ❶~❻의 단계를 거치면 자신의 성향이 객관적으로 보이는 것뿐만 아니라 자신의 업무가 자신과 주위 사람에게 어떤 영향을 주는지 한눈에 알게 됩니다.

평소에 다른 사람이 내가 작업한 결과물을 기다리고 있다는 사실을 염두에 두면 좋습니다.

그러면 자신이 현재 안고 있는 업무 전체의 우선순위와 마감 기한이 명확히 보입니다.

이렇게 하고 나서도 절대 포기할 수 없는 일이 남을 겁니다. 마지막까지 버릴 수 없는 이 일이야말로 정말 중시해야 할 일입니다.

일의 80%를 줄이는 습관 1

왜 항상 마감 직전에 벼락치기를 하게 될까?

'여유 있게 계획했는데, 항상 마감 직전에 제출한다.'

'하루면 끝낼 수 있다 생각했는데 왜 사흘이나 걸린 거지….'

이런 경험, 여러분도 있지 않습니까?

그 이유는 파킨슨 법칙으로 설명할 수 있습니다. 파킨슨 법칙이란 '일의 양은 주어진 시간을 전부 소진할 때까지 늘어난다'는 것입니다. 우리 인간은 시간이 주어지면 그 시간을 전부 사용하는 습성이 있습니다.

예를 들어, 회의 시간이 1시간이라면 사실상 30분 정도면 협의할 수 있는 내용임에도 정해진 시간을 꽉 채울 때까지 이런저런 이야기를 하며 시간을 보내는 경우가 많습니다.

만약 자료 작성에 2시간을 확보했다고 칩시다. 1시간이면 대략 완성할 수 있는데 '마감까지 아직 시간이 있다'는 생각으로 관계없는 정보까지 조사하거나 사소한 문장 표현을 수정하는 데

매달리는 등 스스로 할 일을 늘리기도 합니다.

그 결과 분명히 여유 있게 시작했는데 항상 마감 직전에 허둥지둥 끝내는 지경에 이릅니다.

이는 마치 여름방학 숙제와도 같습니다. 긴 여름방학 동안 몇 번이나 '슬슬 숙제를 시작해야겠다'고 생각하지만 그때마다 놀러 가거나 다른 즐거운 일정에 정신을 빼앗겨 눈 깜짝할 새 시간이 흘러가고 맙니다. 그리고 8월 하순이 되어서야 마침내 '큰일 났다!'면서 다급해져서 숙제에 돌입합니다.

여러분은 이런 경험이 없나요? 저는 있습니다. 하지만 그때마다 어떻게든 무사히 숙제를 끝냈습니다. 이는 일종의 성공 경험이 되어 근거도 없이 '아직 괜찮아'라고 생각하는 계기가 되기도 합니다. 그러면 일이나 숙제를 미루는 것이 습관이 되어 매번 같은 과정을 반복하게 됩니다.

결과적으로 '언제나 마감 직전에 벼락치기 하는 인간'이 되어 버리는 것입니다. 실제로 업무관리 능력이 떨어지는 사람들 대부분은 이런 경우가 많습니다.

이런 습관을 바꾸려면 자기 의지에만 의존하지 말고 업무 환경과 구조를 개선하는 것이 바람직합니다. 앞으로 이에 도움을 줄 몇 가지 구체적인 방법을 소개하고자 합니다.

2

하지 않을 일 목록 만들기

요령이 없는 게 아니라
할 일이 너무 많은 것이다

업무를 추진하면서 내가 포기할 수 없는 중요한 요소가 무엇인지 찾을 때 구체적으로 사용할 수 있는 방법을 알려드리겠습니다.

바로 '하지 않을 일 목록'을 만드는 것입니다.

그날그날 할 일에 번호를 매겨 적는 '할 일 목록'이나 'To Do List'를 평소에 활용하는 분이 많지요.

할 일 목록을 활용했는데도 제때에 할 일을 전부 끝내지 못했던 경험이 누구에게나 있을 것입니다.

이런 것들이 불필요한 스트레스가 되어 의욕이 떨어지고 한숨이 푹 나오며 할 일 목록 자체를 보기도 싫어지는 일이 비일비재합니다.

일률적으로 모든 사람에게 적용된다고는 할 수 없지만, 저는 업무관리가 잘되지 않아 고민하는 분을 만나 상담한 다수의 경험을 통해 확신 있게 말할 수 있습니다.

업무관리가 서툴러서 고민하는 분이 많지만 그 고민의 근원은 사실 업무관리 방법의 문제가 아니라 단순히 할 일이 너무 많아서입니다.

기본적으로는 중대한 업무, 다시 말해 하지 않으면 큰 문제가 생기는 일, 사후 수정이 불가능한 일만 해보세요.

하지만 그 전에 시도해볼 만한 대책이 있습니다. 바로 서두에서 소개한 하지 않을 일 목록을 만드는 일입니다. 이 목록을 만드는 과정을 통해 해야 할 일을 스스로 줄여보세요. 모든 일에 최선을 다해 몰입할 필요는 없습니다.

자신에게 필요한 일만 선명하게 보이도록 ✏️

'하지 않을 일 목록'이란 무엇일까요?

바로 자신이 그만둘 예정인 행동을 목록으로 정리한 것입니다.

무엇을 하지 않을지 정하면, 무엇을 해야 할지 명확해집니다. 이 과정에서 하고 싶다고 생각했던 일이 실제로는 그렇게 중요하지 않거나 시간 낭비였다는 사실을 깨닫기도 합니다.

이것은 방 청소와 비슷합니다. 필요 없는 것을 버리면 방이 전체적으로 깔끔해질 뿐만 아니라 마음이 가벼워지고 현재 자신에게 필요한 것이 무엇인지, 진정으로 중요한 것이 무엇인지 보입니다.

무엇에 시간을 써야 할지 자기 내면에서 명확해지는 것입니다.

선택하는 힘을
단련하는 법

내가 시간을 어떻게 사용하는지 철저히 파악하고 무엇을 그 만둘지 선택해 목록을 만드는 것이 중요합니다. 지금까지 당연하게 해왔던 일이나 부담으로 느꼈던 일도 하지 않을 일 목록에 넣을 대상입니다. 기억할 포인트를 소개합니다.

❶ 대전제는 스스로 그만두고자 하는 의지

우선 '애초에 하지 않아도 되는 일'을 샅샅이 찾아냅니다. 다음으로 '다른 사람에게 부탁할 수 있는 일은 없을까?' 생 각합니다. 부탁할 수 있는지 여부를 생각하기 전에 '다른 사 람에게 부탁한다면 자신에게 어떤 이점이 있을까?'를 구체 적으로 생각해 목록에 추가합니다. 예를 들어, 다른 사람에게 부탁함으로써 확보한 시간을 어떻게 사용할 수 있을지 생각해봅니다.

❷ '왜 해야 하는가?' 자문자답하기

이전부터 해왔다거나 습관적으로 하고 있는 일은 하지 않을 일 목록의 첫 번째 후보입니다. '그 행위가 목표 달성에 얼마나 도움이 되는가?'라고 스스로에게 물어보세요. 자기 자신과 마주해 솔직하게 답하는 것이 중요합니다. 그러면 정말 중요한 일과 타인과의 약속 이외의 일은 점점 하지 않을 일 목록으로 옮겨 갑니다.

예를 들어, 매월 구독하는 잡지를 들 수 있습니다. 어느새 습관적으로 사고 있는 잡지는 어쩌면 시간과 돈의 낭비일 뿐, 더는 이전만큼 즐겁지 않을 수도 있습니다.

온라인 미디어 콘텐츠를 정기구독 하다 보니 '동영상을 봐야 한다'는 압박을 느낀다는 이야기도 최근 자주 접합니다.

❸ 자신에게 솔직해지기

도저히 할 수 없는 것, 지키지 못할 것은 무리하게 하지 않을 일 목록에 넣지 마세요. 자기 자신에게 불필요한 압박이 되기 쉽습니다. 자신을 이해하고 자기 자신과 친절하게 대화하는 것이 중요합니다. 예를 들어, 업무로 SNS를 사용하는 사람이 '개인 생활에서는 SNS를 전혀 하지 않는다'는 항목을 하지 않을 일 목록에 추가한다면 실행하기가 꽤 어려울 것입니다. 처음부터 달성하기 어려울 것 같은 항목은 목록에 넣지 않는 것이 현실적입니다.

❹ 구체적인 행동으로 기재하기

'SNS를 하지 않는다'가 아니라 'ㅇㅇ 작업이 끝날 때까지 SNS를 하지 않는다'라고 구체적으로 정하는 것이 그만두고자 하는 행동을 이미지화하기 쉽습니다. 또 구체적인 행동을 정함으로써 무리하지 않고 지속할 수 있다는 심리적 안정을 얻을 수 있습니다.

❺ 하지 않을 일을 시각화하기

그만둘 행동을 메모 등 눈에 보이는 형태로 직접 써보면 그 행동을 그만두겠다는 의지가 한층 강해집니다. 그것을 책상이나 컴퓨터, 스마트폰 화면 등 눈에 잘 띄는 곳에 붙여두세요.

❻ 목록을 정기적으로 검토하고 업그레이드하기

시간이 흐르면서 우선순위가 바뀌지 않아도 저절로 개선되는 일이 있습니다. 그러므로 목록은 자신의 상황과 환경, 목표에 맞춰 유연하게 업그레이드하는 것이 중요합니다.

예를 들어, 새로운 일을 시작할 때 업계의 최신 정보를 전부 확보하고 싶을 수도 있습니다. 그러나 모든 뉴스를 좇다 보면 정작 다른 중요한 업무에 시간을 쓰지 못하게 될 가능성이 큽니다.

그럴 때는 '모든 뉴스를 읽는다'를 하지 않을 일 목록에 넣고 '내 업무와 직접 관련된 중요한 정보만 확인한다'로 바꿔보세요. 그러면 시간을 더욱 효율적으로 사용할 수 있습니다.

❼ 하지 않는 습관이 몸에 익을 때까지 어느 정도 시간이 걸린다는 것을 염두에 두기

처음 하지 않을 일 목록을 만들고 실제로 시도해보면 불안하기도 하고 맞지 않는 옷을 입은 것 같은 기분이 느껴지기도 합니다. 당연한 일입니다. 인간은 습관의 동물이니까요. 변화에는 시간이 걸린다는 것을 이해하고 우선 사흘간 지속해보세요.

성공했다면 3주, 다음은 30일, 3개월 등 '3'으로 시작하는 목표 기간을 설정하고 계속 이어가보세요. 새로운 습관이 자리 잡아 효과를 느끼게 되면 초기에 느꼈던 불안은 만족감으로 바뀔 것입니다.

하지 않을 일 목록은 자신의 시간을 소중히 사용하기 위한 수단입니다. 처음에는 당황스러울 수 있지만, 조금씩 습관으로 정착되면 매일의 생활을 스스로 통제할 수 있다는 자신감이 싹틀 것입니다.

다른 사람이 기대하는 것보다
내가 원하는 것에 집중한다

저의 하지 않을 일 목록에는 '기념품'이라는 항목이 있습니다. 간단히 설명하면, 이전에 저는 어디론가 출장을 가면 그때마다 직장 동료들에게 줄 과자와 같은 기념품을 사 왔습니다. 이를 하지 않을 일 목록에 추가한 거지요.

당시 저는 거의 매주 출장을 갔으므로 그때마다 기념품을 구매하는 게 적잖은 스트레스였습니다. 그래서 이것을 하지 않을 일 목록에 추가했고, 그 뒤로 저의 시간과 여유를 되찾을 수 있었습니다.

이런저런 시행착오를 겪은 끝에 한 달에 한 번 해외 출장을 갈 때만 간단하게 과자나 기념품을 사고 국내 출장을 갈 때는 기념품을 아예 사지 않기로 했습니다. 주위 동료들의 반응은…

그 전과 아무 변화가 없었습니다.

처음 기념품 사는 것을 그만두기로 했을 때는 직장 사람들에게 '인색하다'는 평가를 받지 않을까 불안했습니다. 하지만 실제로 그만두고 나서는 동료들이 모두 제 상황을 이해하고 있다는 사실을 알게 되었습니다.

이처럼 기념품 사기를 그만둔 경험을 별일 아니라고 생각할 수도 있습니다. 하지만 저에겐 '다른 사람이 나에게 무엇을 기대하는가'보다 '내가 무엇을 하고 싶은가'를 다시 생각해보는 좋은 기회가 되었습니다. 어렴풋이 스트레스를 느끼면서도 기념품을 사는 행위에는 무의식중에 저 자신을 타인의 기준에 맞추려는 심리가 숨어 있다는 사실을 깨달았습니다.

저는 그 습관을 과감하게 버림으로써 저의 중심축과 스스로 선택하는 힘을 되찾을 수 있었습니다.

'하지 않을 일 목록'의 헤아릴 수 없이 많은 장점

하지 않을 일 목록을 만들고 그것을 최대한 지키려고 노력해보세요. 할 일 목록에서 하지 않을 일 목록을 빼고 남은 것이 진정으로 자신에게 중요한 일입니다.

이렇게 하면 전체적으로 할 일이 줄어 그때까지 당연하다는 듯 소비했던 시간을 절약할 수 있습니다. 또, 다른 일에 정신을 빼앗기지 않고 당면한 일에 집중할 수 있게 되어 결과적으로 높은 성과를 올릴 수 있습니다. 해야 할 일 목록에 압도되지 않으므로 스트레스도 줄어듭니다.

그렇다고 해도, 하지 않을 일 목록을 만들기를 주저하는 분이 많을 것입니다. 특히 다른 사람의 감정과 의견을 의식하는 유형의 사람에게는 더욱 어렵게 느껴질 것입니다. (이 감정에 대한 대책은 6장에서 자세히 다루겠습니다.)

저 역시 처음 목록을 만들었을 때는 '아니, 이걸 안 하면 안 되지! 안 하면 큰일 날 거야!'라는 생각 때문에 하지 않을 일 목록의 항목을 거의 늘리지 못했습니다.

그러다 작은 성공 경험이 하나하나 쌓이자 조금씩 항목을 늘릴 수 있었습니다.

예를 들어, 저는 이런 목록을 작성했습니다.

- 매일 집 근처 편의점에 아이스크림을 사러 가는 대신, 슈퍼마켓에서 상자에 든 아이스크림을 산다.
- 스마트폰이 가까이 있으면 나도 모르게 빈둥빈둥하며 SNS를 보게 되므로, 스마트폰을 시야에서 치워 SNS에 소비하는 시간을 줄인다.
- 매일 하던 전화와 영상통화 대신, 채팅으로 연락을 주고받는다.

이처럼 소소한 일을 하지 않는 데 성공하면 조금씩 하지 않을 일 목록을 작성하는 데 재미를 느끼게 됩니다.

우선은 '티끌 모아 태산', 게임을 하는 기분으로 시도해보자

그때부터는 제 모든 행동을 점검하기로 마음먹었습니다.

'이 일은 내가 할 필요가 있을까?'

'이 일을 하지 않으면 업무 태만으로 오해받을까?'

이렇게 자문하며 게임을 하는 기분으로 하지 않을 일을 찾았습니다.

그러자 정말로 티끌 모아 태산이라는 말처럼 제 시간을 조금씩 되찾을 수 있었습니다. 하면 할수록 '지금까지 난 대체 뭘 한 거지'라는 생각이 들 정도였습니다.

거창한 일이 아니라도 괜찮습니다. 여러분도 한번 하지 않을 일 목록 만들기를 시도해보세요.

평소 생활에서 '하지 않을 일'을 발견해보세요. 그렇게 확보한 자유 시간과 그 결과 얻게 되는 성취감에 틀림없이 여러분도 만족할 것입니다.

모든 것을 내가 해야 한다는
착각을 버리자

할 일이 산더미처럼 쌓여서 나 혼자 이 모든 일을 할 수는 없다는 것은 알지만, 다른 사람에게 도움을 요청하는 데는 여간 용기가 필요하지 않습니다. 하지만 혼자서 모든 일을 처리하려고 하다가 오히려 타인에게 폐를 끼칠 수도 있습니다.

다른 사람의 도움이 필요하다고 느낄 때 도움을 청하기를 주저하지 마세요. 도움을 요청하는 것은 전혀 나쁜 일이 아닙니다. 타인에게 폐가 되는 것도, 자신의 약점을 노출하는 것도 아닙니다.

오히려 자기 혼자 힘으로 하는 것이 무리라는 것을 인정하고 주위 동료에게 적극적으로 도움을 요청하는 것이 업무 관리를 잘하는 사람들의 공통점입니다.

아침에 자기만의 시간을 만들면
알찬 하루를 보낼 수 있다

집중력이 떨어져서 고민하는 분들께 드리고 싶은 말씀은 집중력이 자꾸 끊기는 게 비단 자신에게만 원인이 있는 것은 아니라는 것입니다. 주위가 시끄럽거나 누군가의 전화가 일의 흐름을 끊는 등 주위 환경이 큰 원인으로 작용할 수도 있습니다.

그래서 저는 아침 시간을 활용합니다. 효율적으로 업무를 추진하기 위해서는 아침에 하기를 추천합니다. 대부분 아침에는 방해 요소가 적어 자신이 하는 일에 집중할 수 있고 머리도 맑은 상태이기 때문입니다.

4장에서 자세히 소개하겠지만, 집중력을 최대한 끌어내는 열쇠는 두뇌의 모드 전환이 적은 시간, 즉 방해받지 않는 시간을 확보하는 것입니다. 방해 요소가 끼어들 때마다 집중의 대상이 전환되므로 에너지와 시간이라는 비용이 발생합니다. 능률적으로 업무를 관리하고 싶다면 이 전환 비용을 꼭 줄여야 합니다.

3

멈추지 않고
일이 흘러가게 하는 법

완벽한 회신 때문에 고민이라고?
속도가 열쇠다!

이전에 한 청년 회사원 B 씨에게 이런 이야기를 들었습니다.

B 씨가 신입사원일 때, 상사의 메일에 일목요연하게 잘 정리된 완벽한 회신을 하려고 이리저리 궁리하다가 결과적으로 회신이 상당히 늦어진 적이 있었습니다. 하지만 상사가 원하는 것은 세세한 내용이 아니라 되도록 빠른 회신이었습니다. 도움이 되려고 한 태도가 역효과를 일으켜 도리어 상사에게 폐를 끼쳤던 것입니다. 그 후로 B 씨는 신속한 답신의 중요성을 이해하고 행동으로 옮기고 있다고 합니다.

이와 유사한 사례가 상당히 많습니다.

신속하게 응답하지 않는 사람의 특징은 상대방보다 자신에게 초점을 두는 경향이 있다는 것입니다. 예를 들어, 상대방은 위 사례의 상사처럼 자세한 내용보다는 일단 개요라도 좋으니 빠른 응답을 원할 수도 있습니다.

그런데 즉시 회신하지 않는 사람은 상대방이 원하는 것보다 자신이 말하고 싶은 것, 정돈되고 세련된 표현 등을 우선시합니다.

그 외에도 즉시 응답하지 않고 나중에 차분히 생각해본 뒤에 회신하려다가 아예 잊어버리는 경우도 심심치 않게 발생합니다.

상대는 그런 것을 개의치 않는다 ✏️

요즘은 채팅으로 신속하게 대화를 주고받거나 영화나 드라마도 빠른 배속으로 보는 사람이 늘어나는 추세입니다. '격식을 갖춘 회신보다 일단 빨리 알고 싶다', '우선 대략적인 내용이라도 알려주면 좋겠다'라고 생각하는 사람이 적지 않습니다. 또 상대방은 여러분이 생각하는 만큼 말투나 표현에는 신경을 쓰지 않습니다.

그러므로 일단은 자신보다 상대의 필요와 생각을 고려해 가능한 한 신속하게 응답해야 합니다. 이번 장에서는 너무 깊이 생각하거나 지나치게 많은 것을 고려하지 않고 신속하게 행동으로 옮김으로써 요령 있게 일을 처리하는 방법을 소개 하겠습니다.

행동으로 옮길 최적의 타이밍은 항상 '지금'이다

사람은 누구나 매일 생활 속에서 무언가를 계획하고 순서와 절차를 정합니다. 그러나 이 과정에서 '그 준비라는 행위가 정말로 나에게 필요한가?'를 자문하는 것이 대단히 중요합니다.

'○○부터 준비하고 나서 시작한다'는 사고방식에 갇히면 준비가 되지 않으면 시작할 수 없다는 함정에 빠지기 쉽습니다. 결과적으로 정작 실행해야 할 중요한 일이 지연됩니다.

그러므로 업무 계획과 관리를 잘하기 위해서는 이러한 원칙을 되새겨야 합니다.

"지금까지 해온 계획과 준비를 모두 내려놓고 행동에 옮겨

야겠다는 생각이 드는 순간 곧장 실행한다!"

예를 들어, 저는 책을 집필하거나 세미나에서 강연할 때 '준비'보다 '일단 시작하는 것'을 가장 중시합니다. 일단 시작하는 것이 중요하다는 사실을 마음에 새겨두고 본격적으로 일에 착수하면 집중력이 생기고 의욕도 솟아납니다.

'의욕이 생기지 않아서 시작하기가 어렵다'고 생각하는 분도 적지 않으리라 생각합니다. 저도 그럴 때가 있으니까요.

그러나 실제로는 꼭 의욕이 생긴 다음 일을 시작할 필요가 없습니다. 다양한 조사 결과에서도 나타나지만, 사람은 무언가를 시작하면 의욕이 생깁니다. 그리고 조금이라도 일에 진척이 있거나 성과가 눈에 보이면 더욱더 적극적인 마음이 생겨납니다. 즉, 의욕과 동기부여가 있어야 일을 시작할 수 있는 게 아니라, 일단 일을 시작하면 의욕이 생기는 겁니다.

'일단 몸을 움직이는 것'이 중요합니다. 지금까지 무의식적으로 사전 준비와 계획을 해왔다면 이를 내려놓고 마음먹은 즉시 행동에 옮겨보세요. 이를 실행하려면 지금까지의 사고방식(선입관)도 버려야 합니다.

완벽주의자가
즉시 행동하지 못하는 이유

앞서 뛰어난 업무 수행과 관리를 위해 일단 행동할 것을 추천했지만, 이러한 접근법을 어렵게 느끼는 분이 적지 않을 것입니다. 그 이유 중 하나는 자신이 '일 처리 능력이 뛰어나지 않다'고 여기는 것입니다.

그 심리의 밑바닥에는 완벽주의가 숨어 있습니다.

업무 및 시간 관리 연수를 하다 보면 수많은 사람이 특정한 부분에 집착해 과도할 정도로 완벽하게 하려고 노력하고 있음을 느낍니다. 그러다 보니 필요 이상으로 애를 쓰게 되고 결과적으로 시간에 쫓겨 자기 자신을 닦달하고 옥죄는 우를 범합니다. 또는 시작하기 전부터 진이 빠져 의욕을 잃는 경우도 허다합니다.

"평소 대화할 때 모국어 문법 점수를 매긴다면 몇 점 정도일까?"

영어 회화를 배우고 있는 제 지인의 에피소드를 소개합니다.

지인은 영어를 열심히 공부하고 있지만, 완벽한 발음과 문법에 집착한 나머지, 영어를 배우는 기쁨을 점점 잃고 있다고 호소합니다. 그렇지만, 여전히 '더욱 유창하게 영어를 말하고 싶다!'는 열망이 있어 자신의 열망과 실력의 간극 때문에 고민이 많습니다. 지인의 고민을 들은 저는 이런 질문을 했습니다.

"우리는 일본어 원어민이잖아. 평소 우리가 말하는 일본어의 문법과 발음을 평가한다면 몇 점 정도일까?"

저는 평소에 제가 모국어로 하는 대화를 문법과 발음이라는 측면에서 평가한다면 70점도 채 안 될 거라고 생각합니다.

여러분도 평소의 대화에서 완벽한 발음과 문법을 구사하려고 하는 경우는 많지 않을 것입니다. 그보다는 원활한 의사소통과 대화를 즐기는 데 초점을 두겠지요.

저는 지인에게 그 사실을 알려주고 싶었습니다.

그는 제 말의 의도를 알아차리고 웃음을 터뜨렸습니다.

그날 이후, 제 지인은 영어의 완벽한 발음과 문법에 구애받지 않고 70% 정도 구사력이면 충분하다고 생각하게 되었습니다.

그러자 놀랍게도 오히려 영어를 즐기며 효율적으로 공부할 수 있었습니다. 무엇보다도 영어로 소통하는 즐거움을 느끼고 이전보다 더 자신감을 가지고 공부에 임했습니다.

70점을 목표로 삼기 ✏

이 사고법은 업무 계획 및 관리에도 응용할 수 있습니다.

예를 들어, 발표 준비를 생각해봅시다. 무엇이든 100%를 목표로 삼으면 완벽한 슬라이드를 준비하는 데 주어진 시간의 많은 부분을 소진해버려 정작 말하려는 내용을 정리하고 발표 연습을 할 시간이 부족해질 수 있습니다. 그러면 본 발표에서 전달해야 할 내용을 충분히 말하지 못하게 됩니다.

슬라이드의 완성도를 100%가 아니라 70%를 목표로 삼고, 그 정도면 '충분하다'고 생각해보면 어떨까요?

그렇게 함으로써 슬라이드 작성에 지나친 시간을 할애하지 않고 더 중요한 발표 내용에 집중하는 것입니다.

70%의 완성도를 목표로 함으로써 효과적인 발표를 한다면 결과적으로 100%를 목표로 했을 때보다 바람직한 결과를 낼 수 있습니다.

자신에게 완벽주의 성향이 있다는 것을 자각하는 분은 특히, 상대가 수긍할 법한 적정선을 목표로 해보세요.

그 수준이 대체로 70점의 완성도입니다.

완벽함보다 '적당히 70점'을 목표로 하고 일단은 몸을 움직임으로써 '업무를 진척시키는 것'에 초점을 맞추는 것이 중요합니다.

그렇지만, 타인이 연관된 경우라면 상대방에게 '적정선'의 기준이 무엇인지 확인하는 것도 좋습니다. 이 자세는 대단히 중요하므로 곧이어 좀 더 깊이 다루겠습니다.

내가 보기에 20점이라도
상대가 수긍한다면 '합격점'이다

앞서 상대의 적정선 기준을 확인하는 것이 중요하다고 말씀드렸습니다. '일의 80%를 줄인다'는 이 책의 주제이자 핵심 요소이므로 좀 더 심층적으로 다뤄보겠습니다.

사실, 상대가 있을 때는 상대가 '만족하는 수준'보다는 '수긍하는 수준'이 중요합니다. 극단적으로 말씀드리면 스스로 평가할 때는 '20점'이라고 해도 상대가 수긍한다면 그것으로 충분하므로 합격점입니다.

그러므로 '상대가 수긍할 만한 기준, 적정 수준'을 파악해 두는 게 대단히 중요합니다.

'업무 평가는 타인이 한다'고 생각하면 자기 평가에서 자유롭다

여러분은 자신을 엄격하게 평가하고 있지는 않나요? '정말 이 정도로 괜찮을까?' 하는 생각에 불안을 느낀 적은요?

자기 평가와 타인의 평가가 반드시 일치하지는 않습니다.

그 예로써, 스스로는 20점이라고 생각했지만 클라이언트는 '이 정도면 적당하다'는 평가를 내렸던 저의 경험담을 몇 가지 소개하겠습니다.

CASE 1 간결한 발표 자료

준비 시간이 부족해 각 슬라이드에 볼드체로 요점만 메모하고 세부 내용은 담지 못했는데, 발표에 참석한 클라이언트에게 오히려 간결해서 이해하기 쉽다고 높은 평가를 받았습니다.

CASE 2 일대일 면담에서 일어난 의도치 않은 경청

클라이언트와의 일대일 면담 때, 조금 피곤해 구체적인 조언을 제시하지 못한 것을 내심 반성하고 있었는데 상대방에게 "정중히 이야기를 들어주셔서 감사합니다"라는 감사

인사를 받았습니다. 새삼 상대방의 이야기를 경청하는 것이 얼마나 중요한지 확인한 기회였습니다.

CASE3 최신 유행 디자인에 역행했는데 호평을?!

최신 유행에 조금 뒤떨어지는 느낌으로 디자인했는데 "점잖은 디자인이어서 좋다"는 평가를 받은 적이 있습니다. 캐치프레이즈도 개인적으로는 좀 평범하다고 생각한 것이 오히려 간결하고 제품의 장점이 확실히 전달된다는 긍정적인 평가를 받은 적도 있습니다.

자기 생각에는 20점인 결과물이나 노력이 타인에게 높이 평가받을 때가 의외로 많습니다. 중요한 것은 상대가 원하는 것을 채워주는 것입니다. 상대가 수긍하는 것이 중요합니다. 간결하고 기본에 충실한 결과물을 유지하면 예상외로 높은 평가를 받는 순간이 찾아옵니다.

업무 평가는 클라이언트가 하는 것입니다. 평가는 상대에게 맡긴 채로 여러분은 무리하지 않고 여유 있게 업무를 추진하면 어떨까요?

공은 받자마자 패스하는 것, 계속 가지고 있으면 안 된다!

제가 여태까지 만나본 사람 중에서 업무 능력이 뛰어나고 일의 요령을 아는 사람들에게는 공통점이 있습니다. 바로 자신이 해야 할 일이나 다른 사람에게 의뢰받은 일(이를 '공'이라고 부릅니다)을 계속 붙들고 있지 않고 곧바로 패스하는 것입니다.

즉, 자기 손안에 공을 계속 가지고 있는 대신 신속하게 다음 사람에게 전달하는 것입니다. 그러면 전체적인 업무 흐름이 원활해집니다.

여러분 주위의 사람들을 한번 떠올려보세요. 일을 잘하는 사람, 높은 성과를 올리는 사람일수록 메시지 회신이 빠르지 않습니까?

그렇다면 업무 수행 능력을 기르기 위해서는 구체적으로 무엇을 해야 할까요?

우선 '곧바로 대응하기'입니다. 타인에게 의뢰받은 일이 있으면 가능한 한 신속하게 답신을 보내야 합니다. 설령 큰 부탁이 아니더라도 뒤로 미루면 점점 여러 작업이 쌓여 나중에는 일이 커집니다.

다음으로, '패스하기'입니다. 자기 능력으로 할 수 없는 일은 주저하지 말고 다른 사람에게 부탁해보세요.

공을 패스할 때, 즉 일을 타인에게 의뢰할 때는 할 일을 나눠 구체적인 지시와 함께 의뢰하는 것이 중요합니다. 또 자신이 공을 패스한 뒤의 일도 생각해야 합니다. 즉, 일을 의뢰한 뒤에도 그 일이 순조롭게 추진되도록 필요한 정보와 자료를 모아 전달합니다.

'혼자만의 싸움'에서 벗어나려면

우선 다른 사람에게 부탁하는 것을 두려워하지 않는 것이 중요합니다. 타인에게 의뢰함으로써 혼자 짊어져야 하는 부담이 줄어들 뿐 아니라 전체적으로 업무 속도와 효율이 높아지므로 이보다 더 좋을 수는 없습니다.

이 책에서 수차례 강조하는 것처럼, 특히 '일단 열심히 하자!'는 마음가짐으로 행동하는 사람은 무슨 일이든 성실하게 제힘으로 해내고자 합니다. 이는 매우 존경할 만한 태도지만, 한 번에 모든 일을 떠안게 되는 상황에 빠지기 쉽고 결과적으로 업무가 정체되어 상대에게 폐를 끼칠 수도 있습니다. 정말 흔히 일어나는 일이므로 성실하고 완벽주의적인 성향이 있는 사람일수록 주의해야 합니다.

다시 한번 말씀드리지만, 공을 든 채로 멈춰 있지 않는 것이 중요합니다. 한 번에 여러 가지 일을 떠안으면 안 된다는 의미입니다. 눈앞에 있는 일에 집중해 곧바로 처리하거나 다른 사람에게 패스함으로써 할 수 있는 일부터 처리해가야 합니다. 그렇게 하면 효율이 높아지고 조금씩 해야 할 일들을 능숙하게 수행할 수 있게 됩니다. 또 해야 할 일을 정리하고 우선순위를 정하는 능력도 생깁니다.

사실, 업무관리에 자신감이 부족한 분들은 작업의 우선순위를 매기는 데에도 서툰 경향이 있습니다. 그래서 다음으로는 우선순위를 정하는 요령을 소개하겠습니다.

하나를 선택하면
하나를 버린다

여러분은 어떤 일을 하려고 마음먹었는데 다른 일에 손이 가는 바람에 본래 하려던 작업이 진척되지 않았던 경험이 없으신가요?

연말연시에 대청소를 하려고 계획했는데 그만 쇼핑을 하고 오는 바람에 대청소는 지지부진해졌던 것 같은 상황 말입니다. 그런 상황에 빠졌을 때 우선순위를 명확하게 정했다면 대청소가 계획대로 진행되었을 가능성이 크겠지요. 계획한 일이 순조롭게 이루어지지 않은 이유는 다른 일에 정신을 빼앗겼기 때문입니다.

업무 수행 능력이 뛰어난 사람은 우선순위를 매기고 그 우선순위에 따라 업무를 추진합니다.

우선, 자신의 우선순위를 검토해보세요.

이때 '우선순위를 매긴다'를 '할 일의 순서를 정한다'로 생각하기 쉬운데, 그것은 욕심 혹은 노력이 과한 것입니다.

중요한 것은 '한쪽을 택했으면 다른 한쪽은 버리는 것'입니다. 한쪽을 선택했다면 그 선택이 더욱 중요하고 우선순위가 높다고 할 수 있습니다. 선택하는 게 어렵게 느껴질 수도 있겠지만, 우선은 어느 쪽이든 우선순위를 두는 데 집중해보세요.

그리고 "왜?"라고 자문자답하다 보면 스스로 수긍할 만한 우선순위가 매겨집니다. 고민될 때는 최선의 선택을 하기 위해 글로 써보는 것이 도움이 됩니다.

❶ 종이 중앙에 세로줄을 긋습니다.
❷ 좌측에 장점(왜 하는가?)을 적습니다.
❸ 우측에 단점(왜 하지 않는가?)을 적습니다.

이것을 응용해 좌측에 '왜 쇼핑보다 대청소를 우선시해야 할까?', 우측에 '왜 쇼핑보다 대청소를 우선시하지 않아도 될까?'를 적어보면 어느 쪽이 중요한지 보입니다. 이때 자신뿐만 아니라 가족과 주위 사람들의 시각도 생각해보면 전체를 조망할 수 있고, 거시적인 답을 얻을 수 있습니다.

우선순위를 정할 때 자신의 관점으로 생각하면 내가 인생에서 소중하게 여기는 것이 보입니다. 이것이 '가치관'입니다. 그렇게 하면 자기다운 선택을 할 수 있고 자신의 결정에 자신감을 가질 수 있습니다.

기본적으로는 마음의 소리와 직감을 따르는 용기가 필요합니다. 그러나 두렵거나 직감을 그대로 따르는 게 어려울 때도 있습니다. 그럴 때는 앞서 소개한 방법을 사용하면 자신이 수긍할 수 있는 선택을 할 수 있습니다. 이 방법은 언제든지 활용할 수 있으므로 꼭 시도해보세요.

종이에 장단점을 써보면 판단이 쉬워진다

무언가 행동을 취해야 할 때 자기도 모르게 이런저런 생각이 많아져서 좀처럼 행동에 옮기기 어려울 때가 있습니다.

종이에 구체적으로 장점·단점을 적어서 비교하는 것은 무언가를 결단할 때 사용할 수 있는 매우 편리한 방법입니다. 모든 것을 머릿속으로만 생각하면 뒤죽박죽 뒤엉켜 생각이 정리되지 않고 혼란에 빠지고 맙니다. 그러면 정신이 피로해지고 쓸데없이 시간만 빼앗깁니다.

이럴 때 떠오르는 생각을 글로 적어보면 생각이 정리되는 경우가 많습니다. 긍정적인 면과 부정적인 면이 시각적으로 선명하게 보이므로 양쪽을 고려해 더욱 균형 잡힌 판단을 할 수 있습니다.

이 방법은 주택이나 자동차 등 목돈이 들어가는 구매 결정을 할 때, 직장을 바꾸거나 진학 여부를 정할 때 등 인생의 과정에서 중요한 의사 결정을 할 때처럼 여러 가지 선택안 중에서 한 가지를 골라야 할 때 특히 효과적입니다. 인생은 선택의 연속이므로 언제 어디서든 사용할 수 있는 편리한 방법입니다.

물론 이처럼 크고 중요한 선택을 할 때뿐만 아니라, 일상 속에서 소소한 결정을 할 때도 사용할 수 있습니다. 예를 들어, SNS를 사용할지 말지 고민할 때도 시도해볼 수 있습니다.

이렇게 SNS 이용에 대한 장단점을 글로 써서 정리해보면 긍정적인 면과 부정적인 면이 모두 선명하게 보입니다. 기본적으로 단점을 이해한 상태에서 '장점을 버리기 아깝다'고 느낀다면 일단 SNS를 이용합니다. 반면 '아무래도 위험을 무릅쓰기는 두렵다'고 느낀다면 일단 이용하지 않기로 결정할 수도 있습니다.

중요한 것은 자신의 결정에 책임감을 가지는 것입니다. 책임이라고 하면 심각한 일처럼 느껴질 수 있지만, 그렇지 않습니다. 책임이란 자기 일이므로, 스스로 정한 것에 대해서 남을 탓하지 않는 것을 의미합니다. 만약 시도해본 후 '이건

뭔가 아니다'라고 느끼거나 반대로 '일단 하지 않기로 했지만 역시 해보는 게 좋겠다'는 생각이 든다면 그때 다시 한번 검토해서 판단을 내리면 됩니다.

종이에 '장점·단점'을 글로 써보기

예) SNS 사용 여부에 관해 고민할 때

장점
- 가족이나 친구와 언제 어디서든 연락할 수 있다.
- 오랜 지인이나 친구와 연락을 주고받을 수 있다.
- 취미가 같은 사람들과 교류할 수 있다.
- 평소 생활 속에서 자주 만나지 못하는 사람과 인연을 이어갈 수 있다.
- 인맥을 만들 수 있다.
- 자주 연락하지 않는 지인의 근황을 조금이나마 확인할 수 있다.
- 뉴스와 정보에 쉽게 접근할 수 있다.
- 온라인 게임 등 오락거리를 즐길 수 있다.
- 기업의 제품과 서비스 판매 채널로 사용할 수 있다.

단점
- 개인정보 유출 등 보안에 관한 우려가 있다.
- 계정이 해킹당할 위험이 있다.
- 부주의한 발언이나 실언으로 악플을 받을 수 있다.
- 부정적인 댓글이나 비방에 노출될 수 있다.
- SNS에 의존하게 되어 과도하게 시간을 낭비할 우려가 있다.
- SNS상에서 보이는 자신과 현실의 자신과의 괴리에 자괴감이 들 수 있다.
- 온라인상의 '좋아요', 팔로어 수에 일희일비해 피곤을 느낄 수 있다.
- 가짜 뉴스나 잘못된 정보의 영향을 받을 우려가 있다.

최초 판단에
얽매이지 않기

저의 경우, 몇 년 전부터 앞으로 중국어가 공적으로나 사적으로 점점 많이 사용하게 될 외국어라고 생각했고 장단점을 비교해보았을 때 장점이 많았으므로 중국어를 배우기로 했습니다. 그런데 막상 공부를 시작해보니 책만 펴면 잠이 오는 데다 일이 바쁘다는 등의 핑계로 한두 달 만에 그만두게 되었습니다.

실은 한두 번이 아니었습니다. 매년 봄마다 텔레비전이나 라디오에서 중국어 학습 프로그램이 시작하므로 3월이 되면 교재를 전부 사들이지만 결국 얼마 안 가서 포기하기를 서너 해 반복했습니다.

재미있는 것은 매번 공교롭게도 4월 말~5월 초의 황금

연휴인 골든 위크 전후로 중국어 공부가 끝난다는 사실입니다. 결국, 중국어를 배우는 일은 포기했습니다.

목표가 뭐였지?　　　　　　　　　　✏️

중국어를 배우고자 한 동기를 다시금 생각해보았을 때 가장 큰 이유는 '업무나 여행 중에 중국어 사용자와 직접 의사소통을 하고 싶다'는 욕구였습니다.

단, 복잡한 회화가 필요한 수준이 아니라 대략적인 의사소통이 가능한 정도면 충분하다고 생각했습니다. 그러면 '통·번역 앱을 사용하면 되겠다'고 판단해 중국어 공부를 그만두었습니다. 스스로 판단해 그만둔 것이므로 후회는 남지 않았습니다.

제가 드리고 싶은 말씀은 최초의 판단이 전부가 아니라는 것입니다. 계획에는 변경이 따르게 마련입니다.

그 시점에서는 그 판단이 최고의 선택이었을지 모르지만, 상황이 변하면 최고의 선택도 변합니다. 하물며 요즘처럼 변화의 속도가 빠른 시대에는 이와 같은 일을 당연하게 받아들이는 것이 현명합니다.

그러므로 어떤 행동의 장단점을 생각할 때는 어디까지나 '현시점에서는'이라는 전제를 염두에 두는 것이 좋습니다.

상황은 항상 변화하므로 '현시점'을 의식하라

'현시점에서는'이라는 전제를 염두에 두는 것이 좋다고 말씀드렸는데 이는 제가 외국계 기업에 근무했을 때 특히 명심했던 부분입니다.

이 책에서도 그렇고 평소 생활 속에서도 저는 '그 시점에서는'이라는 말을 자주 사용합니다. 그 이유는 순간순간 상황을 정확히 인식하고, 급변하는 상황에 유연하게 대응하는 것이 얼마나 중요한지 해외 리더들에게 배웠기 때문입니다.

이와 관련해 제가 경험한 에피소드를 몇 가지 소개합니다.

하루 만에 신제품 발표를 준비하다

외국계 기업의 변화 속도에 혀를 내두른 적이 한두 번이
아닙니다.

어느 날, 일을 마치고 귀가하려는데 갑자기 내일 저녁 시
간을 비워두라는 연락이 왔습니다. 경쟁사 동향에 대응하기
위해 갑작스럽게 전 세계적으로 동시에 신제품을 언론에 공
개하기로 결정되었던 것입니다.

"네? 내일 밤이요?"

당연히 깜짝 놀라고 당황했지만, 상황을 받아들이고 즉시
주어진 과제에 착수했습니다.

그 순간 최우선 사항은 정보의 오류 없이 정해진 일정대
로 발표하는 것이었습니다. 최종적으로 완벽하다고는 할 수
없지만, 필요한 정보를 확실하게 전달할 수 있었습니다.

갑작스럽게 예산 절반 삭감, 역경을 기회로

업무를 추진하다 보면 생각지도 못한 역경에 맞닥뜨릴 때
가 있습니다. 그 한 가지가 갑작스러운 예산 삭감입니다.

어느 해 중반이 지났을 무렵, 갑자기 예산을 반으로 삭감
하라는 본사의 지시를 전달받았습니다. 계획이 완료된 활
동 중에 이미 신청 및 대금 지급을 마친 일도 있었는데 말입

니다. 이때는 솔직히 '이제 와서 그건 도저히 불가능하다!'는 생각이 들어 초조했습니다.

하지만, 예산 삭감은 이미 결정된 사항이므로 제 마음대로 번복할 수는 없었습니다.

새로운 상황을 받아들이고 제가 통제할 수 있는 범위 내에서 할 수 있는 최적의 방법을 모색했습니다.

최초 시점의 예산 대신, 새 예산 범위 내에서 기존 활동의 해지 비용을 치르는 것을 포함해 최대 효과를 얻을 수 있는 갖가지 방법을 강구해 시도했습니다.

그리하여 예산에 맞춰 비용은 줄이되 그 나름대로 성과를 낼 수 있었습니다.

변화를 받아들이는 비결은 '담담하게 행동하는 것'

갑작스러운 변화를 받아들이는 게 쉬운 일은 아닙니다. 실제로 저도 상부의 지시이므로 반강제적으로 변할 수밖에 없었던 면도 있습니다.

다만, 이런 경험에서 배운 것이 있습니다.

'상황의 변화는 피할 수 없는 사실이다. 그러니까 그 순간, 그 자리에서 최선을 다하는 것이 중요하다'고 생각하는 것입니다.

기본적으로 피할 수 없다면 불평불만을 늘어놔봐야 시간 낭비이므로 담담하게 행동하는 것이 최선입니다.

상황은 항상 변합니다. 그러므로 새로운 것, 즉 그때그때 새로운 상황에 대처하는 유연한 자세와 그 시점에서 중대한 일만 확실하게 실행하고자 하는 마음가짐이 중요합니다.

변화에 도전합시다! 변화는 기회입니다. '나는 틀림없이 변화를 기회로 바꿀 수 있다'고 믿고 자기만의 방식으로 일을 추진해보세요.

어디서부터 시작해야 할지
막막할 때의 대처법

클라이언트 C 씨는 해야 할 일이 산더미 같아서 무엇부터 시작해야 좋을지 고민에 빠졌다며 저에게 상담을 요청했습니다.

C 씨는 업무에 쫓겨 하루 24시간이 부족하다고 느끼는 나날을 보내고 있었습니다. C 씨의 컴퓨터와 스마트폰은 마감일이 임박한 업무와 고객의 요청사항으로 꽉 차 있었습니다. 그런 상황에서 자신의 경력을 쌓거나 능력 계발을 하는 것은 엄두도 못 냈습니다.

그 결과, 매일 쌓이는 잡무와 메일 응대까지 지연되고 정체되는 지경에 이르자 성실한 C 씨의 스트레스는 극에 달했습니다.

그때 제가 C 씨에게 제안한 솔루션은 '아이젠하워 매트릭스'라는 방법입니다. 바로 할 일을 네 개의 범주로 분류하는 업무관리 기법입니다.

❶ 당장 해야 할 일: 긴급하고 중요한 일. 즉시 실행해야할 일.

❷ 나중에 할 중요한 일: 긴급하지는 않지만 중요한 일.자신의 성장과 장기 목표에 도움이 되는 일.

❸ 다른 사람에게 맡길 일: 긴급하지만 중요하지 않은 일.다른 사람에게 위임해도 문제가 없는 일.

❹ 하지 않아도 되는 일: 긴급하지도 중요하지도 않은 일.성과로 이어지지 않는 일.

예를 들어, '당장 해야 할 일'은 오늘 중으로 제출해야 하는 보고서 작성, '나중에 할 중요한 일'은 다음 주에 있을 발표 준비, '다른 사람에게 맡길 일'은 내일 회의 자료 인쇄, '하지 않아도 되는 일'은 SNS에서 발견한 흥미로운 기사를 읽는 것 등입니다.

아이젠하워 매트릭스의 구체적인 예시

	중요하다	중요하지 않다
긴급하다	**❶ 즉시 실행한다** • 즉시 제출해야 할 보고서 작성 • 중대한 오류가 발생한 서버 복구 • 고객의 긴급한 문의에 대한 응답 • 다음 날 있을 중요한 회의 준비 • 기한이 임박한 세금 신고 작업	**❸ 다른 사람에게 부탁하거나 위임한다** • 자료 작성을 위한 데이터 수집 • 사내의 일반적인 IT 오류 대응 • 팀 내의 일정 조정 • 경비 신청 및 정산 • 일부 메일 회신
긴급하지 않다	**❷ 업무 계획에 포함한다** • 자신의 능력 계발을 위한 온라인 강의 등록 • 장기 프로젝트 계획 수립 • 팀의 능력 계발을 위한 연수 프로그램 개발 • 네트워크 보안 강화를 위한 새 시스템 도입 계획	**❹ 하지 않는다(무시한다)** • SNS 확인 • 관계없는 웹사이트 서핑 • 잡담 • 의미 없는 회의 • 과잉 정보의 원천인 뉴스 확인

중요한 일에 집중하기 위한 첫걸음

매일 하는 업무를 이 네 가지 범주로 분류함으로써 C 씨는 무슨 일부터 해야 할지 명확히 정할 수 있었습니다. 업무는 순조롭게 추진되었고 시간도 유용하게 사용할 수 있었습니다. 그리고 쓸데없는 일을 그만두고 정말 중요한 일에 시간을 쓸 수 있었습니다.

이 표를 사용해 어떤 일을 우선해야 할지 명확히 알게 된 C 씨는 자신감을 가지고 행동할 수 있게 되었습니다.

하지만 모든 것이 계획대로 진행되지 않을 때도 있습니다. 그럴 때일수록 상황에 맞춰 다음에 무엇을 할 것인지 유연한 마음으로 재검토하는 것이 중요합니다.

우리는 가만히 있어도 정보가 흘러넘치는 시대에 살고 있습니다. 그 속에서 진정 중요한 것을 분별하고 그것에 집중하는 법을 익혀야 합니다.

최소 노력으로
최대 효과를 내는 업무 필터링

업무와 일상생활 속에서 모든 것이 산더미같이 쌓여 과부하가 걸린 듯한 느낌을 받은 적은 없나요?

우리는 매일 다양한 역할과 책임을 수행하고 있습니다. 그중 하나라도 소홀히 해선 안 되고 모든 것을 완벽하게 해내야 한다는 압박을 느끼고 있는지도 모릅니다. 그러나 모든 것을 효율적으로 완수하는 일은 결코 만만한 일이 아닙니다.

그런 숨 막히는 상황을 바꿀 수 있는 'ECRS 기법'을 소개합니다. 이 기법을 사용하면 최소 노력으로 최대 효과를 거둘 수 있습니다.

ECRS란 Eliminate(삭제), Combine(결합), Rearrange

(재배열), Simplify(간소화)의 머리글자를 딴 용어입니다.

기존 작업 수행 방식에 이 4단계(삭제→결합→재배열→간소화)를 적용함으로써 더욱 효율적으로 작업을 수행할 수 있습니다.

여기서 유념해야 할 점은 기존의 방식을 바꾼다는 게 결코 쉽지 않다는 것입니다. 고통이 수반되는 과정일 수 있습니다.

그러나 이 4단계를 실천하면 틀림없이 효과가 나타날 것입니다. 자신 있게 제안합니다. 그러므로 '일을 편하게 하고 싶다', '내 시간을 가지고 싶다!'는 열망이 강하다면 꼭 한번 실행해보세요.

단번에 모든 것을 바꿀 필요는 없습니다. 작은 단계부터 시작해 서서히 적용해보세요. 처음에는 조금씩이라도 상관 없습니다. 한 걸음씩 전진하며 효과를 실감하면 그다음 단계로 발을 내딛기가 쉬워집니다.

효율화를 추진하는 ECRS 4단계

❶ 삭제 Eliminate	가치, 의미가 없는 업무를 찾아내 그만둔다.
❷ 결합 Combine	관련성 있는 것을 하나로 묶고, 관계없는 것은 별도로 한다.
❸ 재배열 Rearrange	작업 순서 및 장소를 변경하고 사용 도구나 수단을 바꾼다.
❹ 간소화 Simplify	복잡한 것을 단순화, 즉 간단히 한다.

❶ 삭제: 의미 없는 회의 중단, 서랍에서 필요하지 않은 물품 정리, 사용하지 않는 서비스 해약, 이유 없이 해온 정보 수집 그만두기 등.

❷ 결합: 용건은 모아서 처리, 그룹 채팅 활용, 서류를 종류별로 분류 등.

❸ 재배열: 회의 자료를 회의 전에 메일로 미리 배부, 오전과 오후 업무 내용 변경, 밤에 자기 전에 스마트폰을 보는 대신 독서 등.

❹ 간소화: 반복 작성 자료나 메일은 서식화, 온라인 서비스 활용, 간단한 방식으로 변경 등.

목표는 '최소 노력, 최대 효과'

연수에서 참가자들에게 들은 몇 가지 예를 소개하겠습니다.

예를 들어, D 씨는 업무로 매우 지친 어느 날, 퇴근 시간에 몰린 인파를 견딜 수가 없어서 무심코 택시를 탔다고 합니다. 그 후, D 씨는 아예 퇴근 시간을 앞당겨 인파를 피하기로 했습니다.

이것은 '재배열'의 실천 사례입니다. 그 결과, D 씨는 체력을 아꼈을 뿐만 아니라 정신적 피로도도 낮아져 이전보다 더욱 업무에 집중할 수 있었습니다.

ECRS를 생활 속에서 의식적으로 실행하면 시간을 더욱 효율적으로 활용하고 생활을 크게 바꿀 수 있습니다. 그야말로 'Simple is best(단순함이 최고다)'입니다. 이 세련된 단순함이 낭비와 오류를 줄여줍니다.

마지막으로 ECRS는 업무뿐만 아니라, 개인의 일상생활에도 도움이 되는 기법입니다. 무슨 일을 시작하기 전이나 일정을 계획하기 전에 반드시 이 4단계를 실행해보세요. 이 기법을 반복해서 실행하면 자신을 둘러싼 공적, 사적인 일들이 단순하게 정리되어 점점 홀가분해질 것입니다.

전체 과정의
나침반이 되는 목표 설정법

심혈을 기울여 추진한 업무를 처음부터 다시 하라는 피드백을 받았을 때 충격을 받았던 경험이 틀림없이 여러분도 한두 번은 있을 것입니다. 의미 없는 시간을 보낸 것 같고 '여태까지 대체 무엇을 위해 열심히 한 걸까?' 하고 낙담했을지도 모릅니다. 분명 철저하게 확인하지 않은 자신에게도 원인이 있겠지만, '그런 건 처음부터 말했어야지!' 하는 생각이 들어 분통이 터지기도 했을 겁니다.

왜 이런 일이 일어난 걸까요? 목표가 모호하거나 잘못되었기 때문입니다.

하지만 이런 우를 범하지 않을 방법이 있으니 안심하세요.

바로 목표를 기준으로 역산 사고를 하는 것입니다. 목표는 저 앞에서 빛나는 별입니다. 그 빛이 비치는 방향을 향해 가는 것만으로도 여러분이 갈 경로가 자연스럽게 정해집니다.

역산 사고의 구체적 사례

목표를 역산한다는 게 무슨 말인지 의아하게 느껴질 수도 있을 것입니다. 이는 목표를 먼저 정하고 그 목표를 달성하기 위한 순서를 거꾸로 정해가는 방법입니다.

예를 들어, 여러분이 신입사원 환영회 간사를 맡았다고 가정해봅시다. 어떤 준비가 필요할까요?

먼저 '언제, 어느 장소에서, 몇 시부터 환영회를 열까?', '누구를 부를까?', '어떤 인사와 이벤트를 할까?', '예산은 어느 정도 필요할까?' 등 하나하나 세세하게 생각합니다. 그리고 해당 요소마다 구체적으로 무엇을 준비해야 할지 목록으로 정리합니다.

이것이 역산 사고법입니다. 이를 활용하면 '무엇을 해야 할까?' 고민하는 시간이 줄고 목표를 향해 순조롭게 다가갈 수 있습니다.

하지만, 아무리 열심히 노력한다 해도 목표나 목적이 명확하지 않으면 무엇을 할지, 시간을 어느 정도 배정할지 그 답이 빗나가고 맙니다. 그러므로 목표를 명확히 설정하는 것이 중요합니다.

그래서 목표 설정 시 추천하는 것이 바로 '스마트(SMART) 목표 설정' 기법입니다.

'스마트 목표 설정'으로 다이어트도 거뜬히 ✏️

'스마트'라는 단어에서 왠지 멋진 이미지가 연상됩니다만, 이것은 한 단어가 아니라 '구체적', '측정 가능', '달성 가능', '관련성이 있다', '시간제한이 있다'를 나타내는 다섯 단어의 머리글자를 따온 말입니다.

이 다섯 요소를 포함한 목표를 설정함으로써 최종적으로 성취하고자 하는 지향점이 구체적이고 명확해집니다.

명확한 목표를 세우면 역산이 쉬워집니다. 스마트 목표는 여러분의 꿈을 이루기 위한 강력한 나침반입니다.

SMART 목표 설정 기법

S	**Specific** (구체적이다)
M	**Measurable** (측정할 수 있다)
A	**Achievable** (달성할 수 있다)
R	**Related** (목표와 관련성이 있다)
T	**Time-bound** (시간제한이 있다)

누가 봐도 실행 과제가 뚜렷하다

'스마트 목표'를 사용한 계획의 사례를 들어보겠습니다.

'다이어트를 하자!'라고 정하면 '체중을 어느 정도 감량할까?'를 먼저 생각합니다. 예를 들어, 체중 5kg 감량을 목표로 한다고 합시다. 그러면 그것을 '한 달에 1kg 감량' 등 구체적으로 분해합니다. 그다음 '일주일에 0.25kg 감량' 등 더욱 구체적이고 작은 목표를 설정합니다. 그리고 목표 달성을 위해 매일 식사와 운동 계획을 세우고 실행합니다. 예를 들어, '매일 5km씩 걷기' 등입니다.

이 모든 것을 조합하면 '나는 매일 5km씩 걸음으로써 5개월 후인 3월 말까지 체중을 5kg 감량한다'는 실행 계획을 세울 수 있습니다.

일목요연해 누구나 쉽게 이해할 수 있습니다.

'무작정 열심히 하자'가 아니라 명확한 목표를 설정하고 그 목표에서 역산해 철저한 실행 계획을 세움으로써 최단 기간에 목표를 달성할 수 있습니다.

타인에게 인정받고 싶은 심리를 이용한다

예를 들어, 내일 친구와 점심 약속이 있다고 합시다. 여러분은 지하철 시각을 확인하고 아침에 언제 일어날지, 오전에 무엇을 할지 생각한 후, 친구와의 약속 장소에 늦지 않게 도착하도록 계획할 것입니다. 이것은 우리가 평소에 일상적으로 하는 일입니다.

그러나 자기 혼자만을 위해 시간 계획을 하는 것은 꽤 어려운 일입니다. '나중에 하지 뭐', '아직 시간이 있으니까 괜찮아' 등 핑계를 대며 습관적으로 뒤로 미루게 되니까요.

이처럼 일을 미루는 버릇 때문에 고민하는 분이 적지 않습니다. 자기 혼자만의 의지로 일을 미루지 않고 지금 당장 하는 것은 누구에게나 힘든 일입니다.

그렇다면 어떻게 해야 자신의 행동을 재촉하는 '의욕 스위치'를 누를 수 있을까요?

가장 손쉬운 방법은 다른 사람과 약속을 하는 것입니다. 누군가와 약속을 함으로써 자기 혼자서는 좀처럼 의욕이 생기지 않았던 일도 행동으로 옮길 수 있습니다.

예를 들어, 지금까지 좀처럼 발길이 떨어지지 않았던 헬스클럽 가기처럼 혼자서는 시작하기가 힘들었는데 친구와 함께하기로 했더니 즉시 행동에 옮길 수 있었던 경험을 떠올려보세요.

누구든 자신의 의지만으로는 첫걸음을 떼기 힘들지만, 누군가와 약속을 하면 약속을 완수하기 위해 행동을 개시하고자 하는 의욕이 싹틉니다.

이 '약속의 위력'을 업무관리에 사용하지 않을 이유가 없겠죠.

사람은 약속에 맞춰서 일을 시작한다

왜 약속을 하면 행동력이 생기는 걸까요?

사실 우리에게는 자신을 일관성 있는 사람이라고 믿고 타인에게도 그렇게 인정받고 싶은 심리가 있습니다. 또 약속을 지키고자 결심하면 자신이 한 말에 부합하는 생각과 행동을 하려는 심리가 작용합니다.

이것이 '약속을 지키겠다, 완수하겠다'는 원동력이 되는 것입니다. 상대가 기대하는 것을 느끼고 그 기대에 부응하고자 하는 마음이 행동을 촉구하는 것이지요.

하고자 하는 일을 말로 할 때
나타나는 의외의 효과

또 누군가와 약속한다는 것은 자기 계획을 입 밖에 내는 것입니다. 예를 들어, "나는 내 가게를 차릴 생각이야", "나도 이제 슬슬 독립하려고 생각 중이야" 등 자기 생각을 남에게 전함으로써 그것이 계기가 되어 다른 사람에게 도움이 되는 정보나 조언을 얻을 수도 있습니다. 이것 또한 행동을 실천하는 원동력으로 이어집니다.

고맙게도 말하는 것만으로 주위 사람에게 도움을 받는 일도 있습니다.

약속은 여러분이 할 일을 미루거나, 행동하기를 주저하거나, 불안을 느낄 때 살짝 등을 밀어주는 든든한 친구 같은 존재입니다. 적극적으로 약속을 이용해 의욕 스위치를 눌러보세요.

집필 시작까지 1년, 2개월 만에 원고를 완성하다

이 장에서 '자신의 의지만으로 첫걸음을 떼기는 힘든 법'이라고 말씀드렸는데 실은 업무관리에 관한 책을 쓰는 저에게도 이는 결코 남의 일이 아니었습니다.

저 역시, 책의 출간일을 확실하게 못 박아두지 않고는 좀처럼 일을 시작할 수가 없었습니다. 출간일을 명확히 정하지 않았더니 출판사의 의뢰를 받은 뒤 첫 회의를 하고 나서 어느덧 1년이 지난 것을 발견했습니다!

그래서 편집자에게 구체적인 책의 출간일을 정해주십사 부탁하고 마감일까지 원고를 집필할 것을 약속했습니다. 그러자 비로소 '이대로 질질 끄는 것은 좋지 않다. 당장 시작하자!'라는 마음이 들었습니다.

또 마감일이 다가오면서 원고를 아직 끝내지 못했다는 초조함과 약속을 꼭 지켜야 한다는 부담감 때문에 저절로 추진력이 솟

아나 다행히 그로부터 약 2개월 만에 원고를 완성할 수 있었습니다.

이처럼 누군가와 약속하고 마감일을 설정하면 적당한 압박감이 느껴지므로 혼자 힘으로는 시작할 수 없었던 일을 시작하게 됩니다. 이것이 첫걸음을 떼는 계기가 됩니다.

마지막으로 업무관리와는 좀 다르지만, "이루고 싶은 꿈이나 하고 싶은 일이 있다면 망설이지 말고 입 밖으로 내어 선언합시다"라는 말도 타인과의 약속을 이용해 행동을 시작하는 계기를 만드는 방법 중 하나입니다.

4

전환 비용을
제거하라

여러 업무를 오가면
누구나 지친다

'이것도 해야 하고, 저것도 해야 하고….' 이런 생각으로 여러 가지 일을 떠안은 채 분주하게 움직일 때가 있을 것입니다.

하지만 그럴 때 갑자기 집중력이 떨어지고 이런 생각이 든 적은 없나요?

'아, 피곤해….'

'벌써 시간이 이렇게 되었다니….'

'앗? 생각만큼 진도가 안 나갔네….'

이는 빈번한 '전환'과 관계가 있습니다.

전환이란 하나의 일에서 다른 일로 의식과 행동을 바꾸는 것을 의미합니다.

무언가 한 가지 일을 하는 도중에 다른 일로 옮겨 갈 때 우리는 시간과 에너지를 필요로 하고 스트레스를 느낍니다. 전환이 빈번하게 일어나면 두뇌는 필요 이상으로 피로를 느끼고 집중력이 떨어져 작업이 좀처럼 진척되지 않습니다.

쉴 틈도 없이 잇따라 여러 업무를 처리하다 보면 상당히 피곤해집니다. 이것이 누적되다 보면 여러분은 전환의 대가, 즉 전환 비용을 치르게 됩니다.

우리가 모르는 사이
엄청난 대가를 치르고 있다 🖋

전환의 횟수가 늘어나면 실수도 늘어납니다. 업무를 빈번하게 전환하는 사람은 스트레스와 불만에 더 취약해집니다.

실제로 해외 연구 결과에 따르면 업무를 빈번하게 전환할 때 작업에 차질이 더 생기며, 아주 짧게 중단하더라도 작업자가 느끼는 작업에 대한 부담과 압박감이 단일 작업을 할 때보다 늘어납니다.

물론 일상생활 속에서 어느 정도의 전환은 불가피합니다. 그러나 우리는 평소에 우리가 전환으로 인해 얼마나 큰

대가를 치르고 있는지 좀처럼 자각하지 못합니다.

우리의 생각 이상으로 이 전환 비용은 막대합니다.

예를 들어, 여러분이 메일을 읽고 있는데 전화벨이 울렸다고 합시다. 여러분은 메일 읽기를 중단하고 전화를 받을 것입니다.

이때 메일을 어디까지 읽었는지 무슨 내용이었는지 기억해두어야 합니다. 그리고 통화를 끝낸 후, 다시 메일을 읽기 시작합니다.

이러한 일들은 전화가 오지 않았으면 본래 할 필요가 없었던 작업입니다.

우리는 이처럼 매우 일상적으로 전환을 경험하고 있지만, 의식하지 못한 채 그때마다 '전환 비용'을 지불하고 있는 것입니다.

아무리 간단하고 단순한 작업이라도 ✏️

그 외에도 무슨 일을 하다가 텔레비전을 곁눈질하거나 웹 서핑을 잠시 하거나 SNS를 확인하는 일이 빈번합니다. 곧 원래 하던 작업으로 돌아가더라도 집중력을 원래 수준으로 회복하는 것은 쉬운 일이 아닙니다. 이것도 전환의 예입니다.

어린이도 거뜬히 할 수 있는 쉬운 일이라도 전환이 자주 일어나면 그 순간 효율이 떨어집니다. 그러므로 쓸데없는 에너지 소모를 줄이고 업무 효율을 높이기 위해서는 최대한 전환 비용을 줄일 필요가 있습니다.

브라우저 탭은 하나만, 멀티태스킹 하지 않기

이전과 비교하면 동시에 여러 가지 일을 해내는, 이른바 멀티태스킹이 늘어났습니다.

'요리하면서 음악 듣기', '채팅하면서 동영상 보기', '게임하면서 SNS 하기', '청소하면서 전화 통화하기' 등이 바로 멀티태스킹입니다. 어떤 의미에서 이런 것들은 이미 일상적인 습관으로 자리 잡았습니다.

요즘은 업무를 수행할 때도 온라인 회의에 참여하며 메일을 확인하거나, 대화를 하거나 강의를 들으면서 확인하고 싶은 사항이나 모르는 어휘를 그 자리에서 곧바로 스마트폰으로 검색하는 등 동시에 여러 가지 일을 수행하는 것이 지극히 당연한 일이 되었습니다.

그러나 사실 멀티태스킹은 우리의 업무 성과나 뇌에 부정적인 영향을 준다는 사실이 밝혀졌습니다.

멀티태스킹을 하면 우리 뇌는 반복적으로 작업을 전환해야 하는데 이는 뇌에 큰 부담을 줍니다. 실수나 오류로 이어지기도 하고요.

즉, 전환 비용이 발생합니다.

표면적으로는 동시에 여러 일을 수행하는 것처럼 보이지만, 실제로 머릿속에서는 작업의 전환이 급격한 속도로 반복되고 있는 것에 불과합니다. 이 '전환'이 일어날 때마다 실로 엄청난 에너지가 소모됩니다.

멀티태스킹 때문에 IQ가 낮아진다

멀티태스킹은 실제로 우리의 생산성과 성과를 낮출 가능성이 있습니다. 이를 증명하는 실험도 있습니다.

캘리포니아대학교 어바인캠퍼스의 연구에 따르면 멀티태스킹을 하는 사람은 한 번에 한 가지 일에 집중하는 사람과 비교해 최대 40% 작업 효율이 떨어집니다.

또 다른 대학교의 연구에서도 멀티태스킹이 IQ를 떨어뜨리고 스트레스를 높이는 등 정신적, 신체적 문제를 일으킨다는 사실이 밝혀졌습니다.

예를 들어, 스마트폰 앱이나 컴퓨터 브라우저 탭을 동시에 여러 개 켜두는 사람이 이에 해당합니다.

이전에 브라우저 탭을 50개 가까이 열어둔 분이 자랑스럽게 "이것 좀 보세요. 대단하지 않습니까?"라고 말씀하신 적이 있습니다.

'뭐가 대단하다는 걸까…?'

어떻게 대답해야 할지 솔직히 망설였으나, 작정하고 물어보았습니다.

"어느 탭이 무슨 내용인지 다 아십니까?"

"당연히 모르죠!" 하고 활기차게 대답하는, 성격이 밝은 분이었기에 다음과 같이 솔직하게 조언했습니다.

"그건 좋지 않습니다. 업무 효율을 떨어뜨리니 탭은 되도록 많이 열지 않는 것이 좋아요."

한 번에 한 가지 일만 하는 것이 훨씬 더 효율적이다

업무관리 능력이 부족한 사람은 왜 이렇게 탭을 잔뜩 열어두는 것일까요? "브라우저 탭을 잔뜩 열어두면 일을 하고 있다는 기분은 나는데, 생각보다 일이 진척되지는 않습니다." 어느 행동력 있고 활발한 분에게 이런 상담을 요청받았을 때 비로소 그 수수께끼가 풀렸습니다.

이분은 "이것도 신경 쓰이고 저것도 신경 쓰인다"라고 했습니다. 그래서 저는 다음과 같이 조언했습니다.

"탭은 하나만 열고 다른 탭은 아예 사용하지 않는 방법을 써보세요. 일단 탭을 잔뜩 열어놓는 습관부터 바로잡는 겁니다."

이 방법이 이분에게는 효과가 있었습니다. 이를 계기로 단순하게 작업에 몰두하게 되었으니까요. 그 후에는 필요한 수의 탭만을 사용해 효율적으로 업무를 수행했습니다.

이어서 구체적으로 멀티태스킹 습관을 끊는 방법을 소개하겠습니다.

집중할 수밖에 없는 상황을 만드는 네 가지 방법

우리는 무의식중에 멀티태스킹을 하곤 합니다. '이 일도 하고 저 일도 해야 한다', '더 잘해내고 싶다'는 조바심을 느끼면 스스로도 깨닫지 못하는 사이에 시간과 에너지가 분산됩니다. 그런 분들에게 멀티태스킹을 끊고 자신의 속도와 방법으로 하나씩 과제를 달성할 수 있는 방법을 알려드리려고 합니다.

❶ 집중을 방해하는 요인을 찾아낸다

먼저 무엇이 여러분의 집중력을 빼앗는지 찾아봅니다. SNS나 문자 알림음, 주위 소음 등 집중을 방해하는 요소는 각자 다를 것입니다.

어질러진 책상, 소란스러운 장소, SNS 알림 등 정신을 분산시키는 요소가 무엇인지 파악했다면 그것들을 멀리합니다. 집중의 '적'을 제거하는 겁니다. 업무나 공부는 조용한 장소에서 하기로 정하고, SNS 알림을 꺼두는 등 자신에게 맞는 방법을 시도해보세요.

❷ 20분 규칙을 설정한다

한 가지 일에 정해진 시간만큼 집중하고 그 시간이 지난 후 다음 일로 옮겨 가는 '20분 규칙'을 설정합니다. 20분 규칙은 시간을 구분함으로써 집중력을 높이고 순조롭게 일을 완수하는 데 유용한 방법입니다.

집중 시간의 길이는 자신에게 맞게 설정하세요. 너무 길면 다른 일에 정신을 빼앗길 우려가 있으므로 30분 이내로 설정하는 것을 추천합니다. (이때 타이머를 사용하면 집중에 더욱 도움이 됩니다.) 집중한 후에는 휴식을 취합니다.

❸ 같은 종류의 작업은 모아서 한다

예를 들어, 메일은 그때그때 확인하는 것보다 일정 시간 분량을 모아서 한 번에 확인하고 회신하는 편이 효율적입니다. 또 같은 업무, 비슷한 작업을 모아서 처리하면 준비에 드는 수고를 줄일 수 있습니다. 가령 무언가를 작성, 입력, 기획하는 업무를 각각 따로 하지 않고 연속하여 처리하는 것입니다.

❹ 갑자기 떠오른 생각은 메모해두고 나중에 처리한다

현재 하는 일과 관계없는 다른 일에 관한 것이나 새로운 아이디어가 떠오르면 바로 메모해두고 나중에 그 일을 처리할 시간을 따로 설정해보세요. 그러면 현재 수행하고 있는 일에 대한 집중력이 더욱 높아집니다.

멀티태스킹은 중독과도 같아서 쉽게 끊기 힘들 수 있습니다. 하지만 한 번에 한 가지 일에 집중하면 일의 효율이 향상되고 시간 대비 효과가 높아집니다. 결과적으로 더욱 많은 일을 능률적으로 해낼 수 있습니다. 오늘부터 '한 가지 일에만 집중한다'는 마음으로 조바심 내지 않고 하나씩 주어진 업무를 달성해보세요.

전환 횟수를 줄이고
자기 본연의 능력을 끌어내자

일에 집중하고 있을 때 친구에게서 메시지가 오거나 SNS 알림음이 울릴 때가 있습니다. 그럴 때 자기도 모르게 확인하려고 스마트폰에 손을 뻗는 일이 종종 있지요.

그 외에도 무언가를 검색하다가 관련 있는 링크를 줄줄이 열다 보면 어느새 브라우저 탭이 수십 개가 되기도 합니다.

혹은 서류를 한창 읽고 있을 때 고객에게 전화가 와서 통화를 끝낸 후 읽고 있던 서류를 다시 집어 들었는데, 그때까지 읽은 내용을 잊어버려서 다시 처음부터 읽어야 할 때도 있습니다.

또 예정에 없던 방문 영업, 후배의 갑작스러운 질문, '왜 하필 지금?'이라는 생각이 절로 드는 타이밍에 요구받는 상사의 진척 상황 확인 등등, 생각지 못하게 끼어드는 일들 때문에 때때로 우리는 하던 일을 멈출 수밖에 없습니다.

여러분에게도 자주 있는 일일 겁니다.

상황에 휘둘려 이 일 했다 저 일 했다 하는 식으로 빈번하게 전환하면 여러분이 생각하는 것 이상으로 효율이 떨어지고 시간이 더 소요될 뿐만 아니라, 정신적 피로를 느끼게 됩니다.

순조롭고 원활하게 업무를 추진하기 위해서는 전환을 최소화하는 것이 중요합니다.

우선 '어떤 상황에서 전환이 일어나는가?'를 생각해보세요. 그리고 그것을 기반으로 전환을 최소화하는 것을 목표로 삼습니다.

전환을 최소화하기 위해 지금 당장 실행에 옮길 수 있는 방법을 몇 가지 소개합니다.

전환 비용을 줄이는 여섯 가지 방법 ✏️

❶ 스마트폰이나 컴퓨터 알림음을 해제한다

작업 중에 알림음이 몇 번이나 울리는 바람에 작업이 중단된 경험이 있는 분도 많을 것입니다. 그로 인해 집중력이 끊기고 처음부터 다시 시작해야 하므로 시간 낭비가 발생합니다.

제일 먼저 시도해볼 만한 아주 간단한 방법은 스마트폰이나 컴퓨터 알림음을 해제하는 것입니다. (긴급 연락에 대응할 수 있도록 전화벨은 제외합니다. 그 외의 알림음은 전부 꺼둡니다.)

또 한 가지, 스마트폰을 시야 밖에 두면 더 효과적입니다. 책상 서랍에 넣거나 가방 속에 넣어두는 등 보이지 않는 곳에 두세요.

❷ 메일 확인 시간을 정하고 그 외엔 확인하지 않는다

업무 내용과 팀 내 의사소통의 특성에 따라 차이는 있겠지만, 메일과 앱을 확인하는 횟수를 하루에 2~3회로 제한해보세요.

그러면 뇌의 전환이 현저히 감소하고 눈앞의 작업에 집중하기 좋은 환경이 됩니다. 예를 들어, 메일 확인 시간을 아침 업무 시작 시, 점심시간, 퇴근 전 3회로 제한합니다. 이렇게 함으로써 그 외의 시간에는 업무에 집중할 수 있습니다.

만약 업무상 중요한 메일이 자주 와서 이 방법은 힘들다고 느끼는 분에게는 다음 방법을 추천합니다.

받은 메일을 슬쩍 본 후 긴급하고 중요한 메일에만 즉시 회신을 하는 것입니다. 그 외의 메일은 정해진 시간에 모아서 차분히 내용을 읽은 후 회신합니다.

❸ 자신만의 '집중근무시간'을 정한다

'집중근무시간'이란 무엇일까요? 이것은 자신이 '하고 싶은 일', '해야 할 일'에 집중할 수 있는 시간을 의미합니다. (트라이엄프 인터내셔널 재팬의 사장이었던 요시코시 고이치로 씨가 처음 시작한 제도라고 합니다.)

개인 잡담, 전화 통화 등 외부 방해를 일절 받지 않는 시간을 설정해두고 자신의 업무에만 집중해보세요. 이를 통해 효율적으로 작업을 진행하고 스트레스도 줄일 수 있습니다.

이 시간대에 업무 외적인 요소에 방해받지 않도록 사전에 주위 동료에게도 이해와 협조를 구해두면 좋습니다.

예를 들어, 오전 10~12시를 '집중근무시간'으로 정하고 그 시간에는 자신의 중요 업무에 전념합니다. 동료들에게도 그 시간에는 되도록 연락을 삼가해달라고 사전에 양해를 구합니다.

❹ '따로 또 같이 일하기'를 활용한다

혼자서는 집중이 잘 안 되는 분들에게 아주 좋은 방법입니다.

'따로 또 같이 일하기'는 다른 사람과 같은 시간에 함께 침묵을 지키며 작업이나 공부를 하는 모임입니다. 다른 사람과 함께함으로써 일종의 긴장감이 생기고 집중력이 높아집니다.

최근에는 인터넷 회의 툴 등을 사용해 재택근무나 원격근무를 할 때 따로 또 같이 일하기를 실행하는 사람이 늘고 있습니다. 자기 혼자서는 집중하기 힘들지만, 타인과 함께 일함으로써 집중력을 유지할 수 있습니다.

❺ 집중할 수 있는 환경을 마련한다

책상 주변에 있는 물건에 신경을 쓰거나 주위에서 말소리나 소음이 들리면 집중하기가 어렵습니다. 그래서 책상 주변을 정리 정돈하고 집중력을 저해하는 요소를 제거하는 것이 중요합니다.

또, 다른 방해 없이 조용한 장소에서 업무를 수행할 것을 추천합니다. 회사라면 회의실, 자택이라면 침실이나 자기만의 공간, 그 외에 도서관 등 집중할 수 있는 환경에서 일하는 것이 좋습니다.

여담이지만, 제 강연 참가자 중에는 그런 장소가 화장실이라는 분도 있었습니다. 이렇듯 각자 다른 곳이라도 집중이 잘되는 곳을 찾으면 됩니다.

❻ 적절한 휴식을 취한다

쉴 새 없이 몰려오는 일들에 휘둘려서 숨 돌릴 틈도 없이 바쁜 상황은 몸과 마음의 건강에 좋지 않습니다. 의식적으로 휴식을 취할 것을 염두에 두고 틈틈이 재충전한 후 다시 집중하는 것이 중요합니다.

또 몸이 피곤하면 집중력이 떨어지고 이 일 저 일을 오가는 전환이 자주 일어나므로, 이런 상태에 빠지지 않도록 평소 충분히 수면을 취하고 균형 잡힌 식사와 적당한 운동을 해 몸과 마음의 건강을 지켜야 합니다.

그러면 전환 비용을 낮출 수 있고 더욱 효율적으로, 스트레스 없이 매일의 생활을 영위할 수 있습니다.

버리는 시간을 아껴줄
업무 저장소 만드는 법

매일 "그 메일 어디 있지?", "그 메모 어디 간 거지?", "그 파일 어디에 저장했지?", "그 서류 어디에 두었지?" 하면서 서류나 정보를 찾는 데 시간을 소모하고 있지 않나요? 우리는 예상외로 무언가를 찾는 데 시간을 많이 소비합니다.

무의식중에 하는 일이어서 모르고 지나칠 때가 많을 뿐, 하루에도 몇 번씩 무언가를 찾는 데 시간을 쓰고 있는지도 모릅니다.

엄밀히 말하면 무언가를 찾는 시간은 아무 성과도 창출하지 못하는 시간입니다.

공교롭게도 특히 바쁠 때일수록 필요한 정보나 자료가 어디에 있는지 찾기 어려울 때가 많으므로 여간 성가신 일이 아닐 수 없습니다.

그런 시간 낭비를 줄이기 위해서는 '업무 저장소'를 만드는 것이 좋습니다.

업무 저장소란 해야 할 일과 작업, 그에 관련된 정보와 자료를 저장해두고 관리하는 곳을 말합니다. To Do List, 수첩, 메일, 채팅 메시지, 책상 위, 서랍, 선반, 가방 등 모든 곳이 업무 저장소가 될 수 있습니다. 그리고 평소 업무 저장소 외에는 자료나 물건을 두지 않는 습관을 들여야 합니다.

그러나, 업무 저장소가 너무 많으면 업무가 원활하게 진행되지 않습니다. 그런 상황의 예를 몇 가지 소개합니다.

- 필요한 도구를 찾는 데 시간을 소비했지만 찾지 못해 결국은 사러 다녀왔다.
- 이전에 누군가에게서 얻은 정보를 찾지 못해 업무가 진척되지 않았다.
- 참고했던 웹사이트를 즐겨찾기 해두지 않아 다시 찾느라 시간과 노력이 들었다.
- 약속 시간을 적어둔 메모지를 찾지 못해 곤란했다.
- 사전에 검색한 정보를 적어둔 메모를 잃어버려 불확실한 기억에 의존할 수밖에 없었다.

- 대금 지급에 필요한 서류와 계좌번호를 찾지 못했다.
- 필요한 물건을 구매하는 걸 잊어버려서 쓸데없는 소비를 했다.
- 외출 직전에 필요한 티켓과 서류를 황급히 찾아야 했다.
- 예약 번호와 확인 메일을 찾을 수 없어 초조했다.

업무관리를 제대로 하지 못하면 이런 일들이 빈번하게 일어납니다. 공적인 일이든 사적인 일이든 순조롭게 추진하기 위해서는 가능한 한, 업무 저장소를 한곳으로 통일해 두세요. 여러 곳에 필요한 물건이나 정보를 분산시키면 자신도 무엇이 어디에 있는지 알지 못해 결과적으로 그것들을 찾느라 시간을 소모하게 됩니다.

따라서 필요한 정보를 쉽고 빠르게 찾기 위해서는 업무에 필요한 모든 것을 한곳에 모아두는 것이 이상적입니다.

한곳으로 압축하는 것까지는 힘들더라도 되도록 업무 저장소 수를 적게 유지하면 물건 찾는 시간을 줄이고 업무를 원활하게 추진할 수 있습니다.

우선 이어지는 표를 참고해 현재 업무 저장소의 개수를 확인해봅니다.

전부 몇 곳인가요? 저는 업무관리 세미나나 연수에서 수강생들에게 업무 저장소 개수를 매번 묻는데, 일의 상황과 직종에 따라 그 개수가 다릅니다.

예를 들어, 경리나 총무 등 사무계열 종사자의 경우에는 업무 저장소가 수십 곳인 분도 있었습니다. 관리직이나 영업직 종사자는 대개 10곳 내외였습니다.

중요한 것은 자신의 현재 업무 저장소 개수를 파악하고 그 수를 줄임으로써 불필요하게 물건이나 정보를 찾아 헤매는 시간을 줄이는 일입니다.

업무 저장소를 점검해보자

디지털 데이터 저장 장소

업무 저장소	개수
이메일(받은메일함, 보낸메일함, 임시보관함 등)	
To Do List(이메일, 메모장, 워드 프로그램 등)	
클라우드 저장소(구글 드라이브, OneDrive 등)	
컴퓨터(데스크톱, 폴더)나 스마트폰, 태블릿	
커뮤니케이션 앱(Slack, Teams, LINE 등)	
그 외 앱이나 소프트웨어	

아날로그 · 물리적 저장 장소

업무 저장소	개수
노트나 수첩	
달력이나 스케줄러	
메모 용지나 포스트잇	
상자	
책상/책장 주변	
바닥	
가방이나 지갑	
화이트보드	
머릿속	
타인(동료, 비서 등)	
자택	
상의나 하의 호주머니	

종이는 '버리기', 디지털은 '남기기'

업무 저장소를 만들 때의 중요한 포인트를 몇 가지 소개합니다.

❶ 자기에게 맞는 업무관리 도구를 찾는다

업무관리 도구는 단순한 메모나 목록 작성부터 프로젝트를 관리하는 시스템까지 다양합니다. 따라서 자신의 필요와 개성에 맞는 것을 고르는 것이 중요합니다.

욕심이 과해 기능이 너무 복잡하고 조작이 어려운 도구나 능숙하게 구사하지 못하는 최신 도구를 선택하는 것은 바람직하지 않습니다.

새로운 도구를 시도해보고 싶다면 일단 단순하면서도 스

마트폰이나 컴퓨터에서 손쉽게 활용할 수 있는 클라우드 서비스를 추천합니다.

❷ 라벨, 태그, 키워드, 폴더를 활용한다

작업물과 관련한 정보를 신속하게 찾을 수 있도록 정리하는 것이 포인트입니다. 폴더나 클리어 파일, 라벨을 사용해 일정 규칙에 따라 분류하는 방법이 있는데, 디지털화를 염두에 두고 연상하기 쉬운 키워드나 라벨, 태그를 붙이거나 폴더를 만들어 검색하기 쉽게 관리하면 좋습니다.

❸ 업무 저장소를 줄이자

업무에 필요한 것을 찾느라 시간을 낭비하는 일을 줄이는 기본적인 방법은 작업할 때 필요한 모든 것을 한곳에 모아 두는 것입니다. 앞서 기술한 바와 같이, 업무 저장소를 줄이는 것이 포인트입니다. 상황과 작업 내용 등에 따라 필요한 업무 저장소의 개수는 다르지만, 가능한 한 10곳 미만으로 줄이는 것을 목표로 해보세요.

❹ 처음에는 작은 것부터 시작하자

하는 일이 많으면 전부 정리하는 데 시간이 꽤 걸립니다.

그러므로 먼저 최우선으로 해야 할 일부터 정리합니다. 차차 업무 저장소에 적응해가며 시간 낭비를 줄이는 데 집중해보세요.

❺ 버려도 될지 고민될 때는 아날로그는 '버리고', 디지털은 '남긴다'

업무 저장소를 줄이는 과정에서 버려도 될지 확신이 서지 않는 서류나 데이터가 나오기도 합니다. 그럴 때는 아날로그인지 디지털인지에 따라 처리 방법을 달리합니다. 저는 다음 원칙을 추천합니다.

아날로그의 경우는 필요하다면 '사진 찍고 버리기', 디지털의 경우는 '남기기'입니다.

종이는 모아둘수록 부피가 증가해 비효율적입니다. 그러므로 가능한 한 줄이는 것이 좋습니다. 단, 마구 버렸다가 나중에 필요하게 될 수 있으니 고민될 때는 스캔하거나 사진을 찍어 디지털 데이터로 남기고 조금씩 버리기를 실천합니다.

다시 말씀드리지만, 업무 저장소가 많다는 것은 그만큼 작업하는 데 필요한 자료나 정보를 분산해서 보관하고 있다는 의미입니다. 그것들을 찾는 데 수고와 시간이 들고 오류나 누락을 초래할 수도 있습니다.

우선은 여러분의 현황을 파악하고 거기서부터 업무 저장소의 개수를 줄여가세요.

고등학생 스터디 모임에서 배운 것

앞서 '따로 또 같이 일하기'라는 방법을 소개했습니다.

이와 비슷한 사례로 고등학생이 친구들과 LINE을 연결해둔 채 시험공부를 한다는 말을 들은 적이 있습니다.

집에서 혼자 공부하다 보면 자기도 모르게 SNS를 보거나 청소를 시작하는 경우도 있으므로 친구와 함께 공부함으로써 집중력을 높이는 것이죠. 그 이야기를 들었을 때 "좋은 생각이군!" 하고 감탄했습니다.

최근 10년을 돌아보면 스마트폰과 SNS가 놀라우리만큼 확산되면서 우리의 상식도 점점 변해왔습니다. 이에 발맞춰 여태까지의 사고방식이나 행동 양식도 업데이트하는 것이 중요합니다.

고등학생은 물론 더 어린 학생들에게도 앞으로 배울 것이 점점 늘어날 것입니다. 배워야 할 것은 누구에게든 배우려는 자세를 가져보세요.

5

플랜B가 있으면
업무 지연과 트러블이
무섭지 않다

외국계 기업이 업무 지연을 문제 삼지 않는 이유

이전에 외국계 기업에 근무했을 때의 일입니다. 격주로 열리는 팀 전체 회의에서 각자 자신의 업무 진척 상황을 상사에게 보고했습니다.

이때 재미있는 사실을 깨달았습니다.

저와 함께 일했던 한 해외 리더는 팀원 중 누군가의 업무가 다소 지연되어도 아무 언급도 하지 않고 문제 삼지도 않았습니다. (일반적으로 진행 중인 작업이 예정보다 지연되는 것을 문제시하는 회사가 많다고 하는데 제가 근무한 기업에서는 그렇지 않았습니다.)

그러나 업무 지연에 대한 보고를 받은 후 반드시 "그렇군요. 그러면 만회 대책(Recovery Plan)은 어떻게 되고 있지요?"라고 질문했습니다. 그리고 대책이 있다면 그 대책의 실현 가능성에 관해 세세하게 확인했습니다.

그 해외 리더는 업무 지연에 관해서는 아무 언급도 하지 않는 대신, 담당자가 그 지연을 만회하기 위한 대책을 제대로 준비하지 않은 경우 반드시 짚고 넘어갔습니다.

이때의 경험은 저의 업무 추진 방식이나 사고방식에 큰 영향을 주었습니다.

사실, 상황은 언제나 변하므로 사전에 계획한 대로 진행되지 않는 프로젝트가 허다합니다.

최초에 세운 계획은 시작부터 목표 달성까지의 잠정적인 목표입니다. 이 속도대로 진행하면 예정대로 끝날 것이라는 예측치에 불과합니다.

중요한 것은 계획대로 진행되고 있는지가 아니라, 지연될 경우에 대비해 대책을 철저히 세워서 성과를 내는 것입니다. 그러므로 이러한 계획이 없는 경우 즉시 대책을 마련해야 합니다. (이때 혼자서 대책을 마련하기 어려운 경우에는 6장을 참고해 다른 사람에게 도움을 구하는 것이 좋습니다.)

아무리 철저히 준비해도 돌발 상황은 발생한다

업무관리 능력이 부족한 사람들 대부분은 '처음에 세운 계획은 반드시 지켜야 한다!'는 생각을 고수합니다. 그러나 다시 말씀드리지만, 도중에 계획이 어긋나는 일 자체는 그렇게 큰 문제가 아닙니다. 오히려 '일이 지연되는 것은 어쩔 수 없다, 살면서 필연적으로 발생하는 일이다'라고 생각하는 게 바람직합니다.

일이 계획대로 진행되지 않으면 반드시 그에 대한 이유가 있을 것입니다. 예를 들어, 예상치 못한 트러블이 발생하거나 급한 연락이 와서 그에 대처해야 하는 등 불가피한 이유로 일정보다 업무가 지연될 수 있습니다. 사실 이런 일은 아주 비일비재합니다.

단지 예상치 못하게 일어날 뿐입니다. 그러므로 업무가 지연되었다고 다른 사람이나 자신을 책망하며 범인 찾기를 할 필요도, 속앓이를 하거나 스트레스를 느낄 필요도 전혀 없습니다. 지연이 되더라도 최종적으로 목표를 달성하면 그 것으로 충분하기 때문입니다.

업무 지연이 발생했을 때는 이렇게 생각하자

여기에는 두 가지 중요한 포인트가 있습니다.

첫 번째는 지연이 발생해 전체 계획에 영향을 주는지 판단 하는 것입니다.

카레라이스를 만들 때를 예로 들어보면, 먼저 재료를 썰 고 나서 끓입니다. '끓이기'는 '재료 썰기'가 끝나지 않으면 시작되지 않습니다. 그러므로 재료 썰기가 지연되면 전체 공정에 차질이 생깁니다. 결과적으로 카레의 완성이 늦어집 니다.

이처럼 전체 계획에 영향을 주는 일은 우선순위를 높이 두고 먼저 처리해야 합니다. 늦어질 경우, 지연을 만회하는 것이 급선무입니다.

한편, 카레라이스를 만들 때 '밥 짓기'는 반드시 재료 썰기 앞에 할 필요가 없습니다. 이 경우, 밥 짓기는 지연되어도 아무 문제가 없습니다. 최종적으로 카레가 완성될 때까지 밥이 되기만 하면 충분합니다. 다시 말하면 밥 짓기를 서둘러서 끝냈다고 해도 의미가 없는 것입니다.

핵심은 전체 계획에 영향을 주는 '중대한 일'은 최선을 다해 수행해 지연되지 않도록 하는 것입니다.

두 번째는 업무 지연을 따라잡을 '만회 대책'이 있어야 합니다. 만회 대책이 있으면 업무가 지연되더라도 대안인 만회 대책을 추진하면 됩니다.

이미 늦어진 것을 반성하느라 쓸데없는 시간과 에너지를 소모할 필요는 없습니다. 우리는 지난 일에 감정과 시간을 쓸 정도로 여유가 없습니다. "뭐, 상관없어", "어쩔 수 없지" 하며 문제 삼지 않고 그대로 진행하면 됩니다.

그러나 만회 대책이 없는 것은 명백히 문제입니다.

이대로 가면 목표를 달성할 수 없는 것이 뻔히 눈에 보이는데 아무 대책도 준비해두지 않은 것이니까요. 요컨대 스스로 '포기'한 것과 마찬가지입니다. 이는 책임감 있는 성인으로서 반드시 피해야 할 사태입니다.

당신을 구할 플랜B, 항상 대안을 준비하라

이제 플랜B 이야기를 해보겠습니다.

'플랜B'는 여태까지 추진해온 일이 계획대로 되지 않았을 때 실행하는 대체 계획(Backup Plan)을 의미합니다.

사실 업무 능력 향상을 위해서는 반드시 플랜B를 준비해두어야 합니다. 어떤 일이든 처음에 기대했던 대로 진행되지 않는 경우가 흔하기 때문입니다. 돌발 상황과 예상외의 사건이 일어날 때 얼마나 유연하게 대처하는지가 관건입니다.

플랜B를 준비해두면 다음과 같은 장점이 있습니다.

❶ 피해를 최소한으로 줄일 수 있다

예기치 못한 일이나 트러블이 발생했을 때, 당황하지 않고 유연하게 대응할 수 있습니다. 다른 선택 사항을 검토할 수 있고 계획대로 되지 않았을 때 미칠 영향을 최소한으로 줄일 수 있습니다.

❷ 침착함을 유지할 수 있다

플랜B를 사전에 생각해두면 원래 예정대로 되지 않더라도 '이럴 수도 있지'라고 생각하고 침착하게 대응할 수 있습니다.

❸ 안심할 수 있다

플랜B가 있으면 일이 계획대로 진척되지 않을 때도 아직 다른 선택지가 있고, 시도해볼 수 있는 일이 있으므로 심리적 안정을 얻을 수 있습니다.

❹ 다양한 관점으로 생각할 수 있다

플랜B를 생각하고 준비하는 과정은 지금까지와는 다른 발상이나 아이디어를 떠올릴 수 있는 계기가 됩니다. 다양한 선택안과 가능성이 늘어납니다.

❺ 다양한 상황을 통제할 수 있다는 자신감을 얻는다

플랜B가 있으면 다양한 시나리오를 상정하고 대비할 수 있는 범위를 파악할 수 있으므로 자신이 다양한 상황을 예측 및 통제하고 있다는 자신감을 가질 수 있습니다. (이러한 자신감이 없으면 언제나 주위 상황에 휘둘린다는 느낌에 빠지기 쉽습니다. 이는 자기 긍정감 저하로 연결됩니다.)

단, 실제적으로 플랜B까지 철저하게 고려해 스케줄을 짜기는 대단히 어렵습니다.

그러므로 플랜B는 완벽하게 준비하는 것이 아니라, 초기 단계에서 대안과 대책을 생각해두는 데 중요한 의미가 있습니다. (상황은 항상 변화하므로, 그때그때 플랜B를 갱신하는 것도 염두에 두세요.)

이 정도만 준비해두더라도 설령 기대한 대로 업무가 진척되지 않을 때 훨씬 침착하게 다른 방법을 시도하고 안정감 있게 행동할 수 있습니다.

업무 지연을 만회할 수 있는
다섯 가지 백업 방법

업무가 일정보다 뒤처진 사례를 통해 플랜B의 구체적인 예를 몇 가지 소개합니다.

❶ 주위 사람에게 협조를 구한다

업무 지연을 만회하는 방법 중 하나는 같은 팀 동료나 관계자에게 협조를 구하는 것입니다. 일단 현재 진행 중인 작업을 멈추고 도움을 요청합니다.

❷ 필요에 따라 추가 근무한다

뒤처진 업무를 어떻게든 따라잡기 위해 조금 무리를 해야할 때도 있습니다. 예를 들어, 저녁 및 주말 등 업무 외 시간을 활용해 일하는 것입니다.

❸ 외부인의 힘을 빌린다

❶은 자기 주변의 동료나 관계자에게 협조를 구한다는
의미인 반면, 이는 전혀 관계없는 외부인이나 타 회사에 의
뢰함으로써 스케줄을 단축하는 것을 의미합니다.

❹ 할 일을 줄인다

일정이 대폭 지연된 경우, 기한에 맞추기 위해 할 일 자체
를 줄일 필요도 있습니다. 이것저것 욱여넣는 것이 아니라
최소로 필요한 일만 선별하여 추진하는 것입니다. 다만, 선
택지를 생각하는 단계에서 혼자서 결정하는 것이 아니라 관
계된 사람들과 협의해 할 일을 어떻게 줄일지 정해야 합니
다. 그래야 나중에 생길 갈등을 미리 방지할 수 있습니다.

예를 들어, 반상회나 학부모 회의 등 집단이나 커뮤니티
등에서 지금까지 해온 활동을 독단적으로 생략하면 불평불
만을 비롯해 다양한 문제가 생길 수 있습니다.

❺ 효율과 속도를 높일 수 있는 수단을 도입한다

기본적으로는 **❶**~**❹**를 실행함으로써 업무 지연을 만회

합니다. 또 지금보다 더 빨리 업무 효율화를 실현할 수 있는 도구나 방법이 있다면 그것들을 적극적으로 활용해 시간 단축에 힘을 쏟습니다.

최근에는 디지털 도구나 클라우드 서비스, AI 등을 사용함으로써 시간과 에너지 낭비를 줄이고 효율과 속도를 높일 수 있습니다.

늘 새로운 방법에
주목한다

지금 사용하는 방법보다 더 빠르게 일을 처리할 방법이 있는데도 단지 '해본 적이 없다'는 이유로 여태까지 해온 익숙한 방식만 고집하고 있지는 않나요? 그러면 아무리 성실하게 업무에 임하고 능력이 뛰어난 사람이라고 해도 '업무 속도가 느리다'는 부정적인 평가를 받을 수밖에 없습니다. 여기에서 경계할 것은 새로운 방법에 대한 거부감입니다.

우리는 격변의 시대에 살고 있습니다. 지금 이 순간에도 시시각각 업무 도구를 비롯해 사람들의 상식과 시간 감각조차도 변화하고 있습니다. 그러므로 늘 새로운 방법에 도전해보라고 강조하고 싶습니다.

새로운 것에 대한 거부감을
어떻게 줄일 수 있을까?

예를 들어, AI를 활용하면 매일 반복되는 작업을 효율화할 수 있고, 클라우드에 기반한 관리 도구를 사용하면 자신의 업무뿐만 아니라 팀원 전체 업무의 진척 상황을 한눈에 볼 수 있습니다.

또, 온라인 학습 플랫폼을 이용해 새로운 기량을 익히고 예전에 습득한 지식과 기술을 업그레이드할 수 있습니다. (특히 어학 학습에 이 방법을 추천합니다.)

이 예들은 이미 많은 사람이 일상적으로 하고 있는 것입니다. 새로운 방법에 도전하는 것은 스트레스를 줄여줄 뿐만 아니라 자신의 능력을 최대한 끌어낼 수 있는 방편이 된다는 것을 기억하기 바랍니다.

플랜B와 함께 끊임없이 새로운 도전을 하면 시행착오가 있을 수 있지만 그보다 큰 새로운 에너지도 생깁니다. 일의 속도가 더욱 빨라지고 업무관리 능력도 한층 향상될 것입니다.

리스크 관리를 통해 안심하고 일을 추진하자

'리스크'라는 단어를 들으면 어떤 이미지가 떠오르나요?

'리스크=위험'이라고 생각하는 분이 많지만, 본래 리스크란 좋은 일과 나쁜 일을 모두 포함해 예기치 못한 일이 일어날 가능성을 의미합니다.

예를 들어, 아이스크림을 먹으면 행복하지만 너무 많이 먹으면 배가 아플지 모릅니다. 일상생활에는 이처럼 리스크가 언제나 숨어 있습니다.

여기에서 중요한 것은 각종 리스크에 어떻게 대비할 것인가, 즉 '리스크 관리'입니다. 리스크 관리란 미래에 일어날 일에 대비하는 것이며, 이는 안정적으로 업무를 추진하는 데 무엇보다 중요합니다.

그리고 새로운 일에 도전할 때야말로 리스크 관리가 중요합니다. 새로운 일에는 예상외의 결과가 필연적으로 따르기 때문입니다. 예상외의 결과에 대비할 수 있다면 불안도 줄어들고 자신감을 가지고 새로운 도전도 할 수 있습니다.

리스크 관리의 4단계

'리스크 관리라니, 왠지 어려울 것 같다…' 이렇게 느끼실지도 모르지만, 우리는 평소에 이미 리스크 관리를 하고 있습니다.

예를 들어, 비가 올지 모르니 우산을 가져가는 것도 엄연히 리스크 관리의 일종입니다. 비가 올지 모른다는 리스크에 관해 분석과 평가(일기예보 확인)를 하고 대책(우산을 가지고 간다)을 준비하는 것이 리스크 관리입니다.

리스크 관리의 4단계를 살펴봅시다. 리스크를 파악하고 분석해 대책을 세우고 감시하는 흐름입니다.

- 리스크 파악: 영향을 줄 가능성이 있는 리스크를 샅샅이 찾아낸다.

- 리스크 분석: 각 리스크의 영향과 발생 확률을 이해하고 리스크 대응 우선순위를 세운다.
- 리스크 대응: 언제, 누가, 어떤 리스크에 대해 어떻게 대응할지 정한다.
- 리스크 감시: 리스크를 감시하고 대응 계획이 효과적인지 확인하며 필요에 따라 조정한다.

어느 이벤트에서 제가 경험한 에피소드를 소개하면서 리스크 관리를 구체적으로 어떻게 해야 하는지 보여드리겠습니다.

백업 계획은 단 한 가지보다 여러 가지가 좋다

인도네시아의 협력 기업과 협업해 제품 홍보를 담당했을 때의 일입니다. 저는 100여 명이 참석하는 교류 행사 준비로 매우 분주했습니다.

행사 전날, 대회장에 거대한 스크린을 3개 설치하는 것은 물론 음성 확인, 좌석 배치 정리, 제품, 전시, 포스터, 꽃 준비 등 손이 가는 작업이 끝도 없었습니다.

그런데 문제가 발생했습니다. 저녁 무렵에 스크린이 전혀 켜지지 않는 것이었습니다. 저는 스크린 고장에 대해서는 아무것도 모르니 호텔과 업체 담당자에게 대처해달라고 맡길 수밖에 없었습니다.

그날 밤, 마침내 스크린 1개가 정상적으로 작동해 혼란스러운 상황에 한 줄기 빛이 깃들었습니다. "이제 저희가 어떻게든 해보겠습니다"라는 설비 업체의 말에 안심하고 늦은 밤이 되어서야 겨우 숙소로 돌아왔습니다.

그다음 날, 행사장에 도착해 모든 스크린이 정상적으로 작동하는 것을 확인하고는 겨우 한시름 돌렸습니다.

그런데 그 안심도 찰나, 최종 리허설 시간이 되었는데 다시 스크린이 작동하지 않았습니다. 행사장에는 다시 혼란이 찾아왔고 행사 책임자인 저는 절망에 빠졌습니다.

하지만 그때 한 가지 생각이 떠올랐습니다. 전날 호텔 관계자와 이야기를 나누었을 때 누군가가 무심코 했던 말 속에 이 긴급 상황을 타개할 힌트가 있었습니다.

"당일 행사 진행 상황에 맞춰 음료 제공 시간을 변경할 수 있습니다."

그 말을 들었을 때는 이런 상황이 발생할 거라고는 상상도 못 했지만, 바로 지금 음료를 먼저 제공하면 준비팀은 스크린 수리 시간을 확보할 수 있고 참가자들은 서로 교류하며 시간을 보낼 수 있겠다는 생각이 들었습니다.

저는 이 계획을 바로 실행했습니다. 결과적으로 행사가 30분간 지연되긴 했지만, 음료 제공 시간을 변경함으로써 사태를 잘 넘길 수 있었습니다. 문제를 완벽하게 해결할 순

없었지만, 교류 행사 자체는 성공적으로 끝마칠 수 있었습니다.

돌발 상황이 발생해도
흐름을 유지할 수 있다

이 경험에서 배운 것이 있습니다.

바로 실패할 위험이 높은 안건에 대해서는 다양한 상황에 대비해 백업 계획을 여러 가지로 준비해두는 것이 좋다는 것입니다. 이 사례에서처럼 여러 가지 계획을 세우면 그중에 궁지를 모면하는 데 결정적인 역할을 할 수 있는 대책이 나타납니다.

백업 계획을 생각하거나 준비하는 건 분명 수고스러운 일입니다. 여기에는 과도하게 많은 시간을 들일 필요가 없고 사실상 그러기도 힘듭니다.

다만, 예상외의 일이 일어날 것으로 예측될 때는 백업 계획을 가능한 한 많이 준비해두는 것이 좋습니다. 그러면 예기치 못한 문제에 대응할 수 있고 역경을 극복하는 힘이 됩니다.

팀으로 일할 때는
예비 시간을 확보하자

이전에 IT 업계에서 소프트웨어 개발 업무를 했을 때 있었
던 일입니다.

그즈음 저는 인도 회사와의 공동 개발 프로젝트 때문에
인도를 자주 방문했습니다. 출장 기간은 주로 2주 정도였는
데 스케줄이 비교적 빠듯했습니다.

언젠가 한번, 저는 다른 팀원들보다 먼저 인도에 입국했
습니다. 며칠 후에 팀원 몇 명이 합류할 예정이었습니다.

그런데 갑자기 팀원 한 명이 비행기에 타지 못해 다음 날
이 되어야 올 수 있는 돌발 상황이 발생했습니다. 그 팀원이
없으면 일부 업무를 진행할 수 없어서 전체적으로 스케줄을
조정해야 했습니다.

다만 다행스러운 점은 만에 하나 일어날 사태에 대비해 프로젝트 진행의 예비 시간을 팀 스케줄의 후반에 확보해두었던 것입니다. 그 덕분에 갑작스러운 상황에도 대처할 수 있었습니다.

자세히 설명하면, 이전에는 각각의 작업별로 짧으나마 예비 시간을 두었습니다. 가령, 각자 작업에 대해 약 1~2시간의 예비 시간을 두는 식이었습니다.

그러나 프로젝트를 몇 차례 진행해본 결과, 각 작업에 예비 시간을 설정하면 파킨슨 법칙에 따라 모두가 부여받은 시간을 전부 소모한다는 사실을 알게 되었습니다.

그런 경험을 토대로 다른 사람들과 팀으로 일할 때는 반드시 '전체 프로젝트의 마지막에 예비 시간을 설정하도록' 일정을 짭니다.

그런 이유로 그때 마침 예비 시간을 가장 마지막에 확보해두었기 때문에 전체 일정에 큰 차질을 빚지 않고 프로젝트를 원활히 추진할 수 있었습니다.

하지만, '만약 이 마지막에 설정한 예비 시간이 없었다면 대체 어떻게 일정을 만회했을까…?' 생각하면 등골이 오싹해집니다.

예상 밖의 사태는 반드시 발생한다

이 경험에서 얻은 교훈을 여러분과 나누고 싶습니다.

바로 '예상외의 사태는 반드시 생긴다. 그러므로 그에 대처하기 위한 만회 계획을 세우는 것이 중요하다'는 것입니다.

이때는 예비 시간을 설정해둔 것뿐이므로 만회 계획이라고 하기에는 거창하지만, 팀 단위로 일하거나 타인과 업무를 수행할 때 마지막 단계에 예비 시간을 두는 것은 여러모로 대단히 효과적입니다. 이 방법은 업무뿐만 아니라 매일의 생활 속에서도 마찬가지로 효과를 발휘합니다.

무언가를 계획할 때 필요 없어 보이더라도 예비 시간이라는 버퍼를 확보하는 것을 잊지 마세요. 특히 여러 사람이 참여하는 계획에서는 예비 시간을 전체의 마지막 단계에 한번에 몰아서 설정하기를 추천합니다.

중국 출장에서의 플랜B를 돌아보며

'플랜B'라는 명칭이 너무 대단해 보여서 어렵게 느껴질지 모르겠지만, 실제로는 그리 거창한 것이 아니니 지레 겁먹거나 긴장할 필요는 없습니다.

이전에 외국계 기업에서 근무할 때 아시아 지역에서 고객 및 협력 기업을 대상으로 순차적으로 소비자 간담회를 개최했을 때의 에피소드를 소개합니다.

당시 저는 그 행사의 책임자로서 각 행사가 시작되기 전에 인사말을 하는 역할을 맡았습니다.

사건은 베이징 행사에서 일어났습니다. 행사는 오후에 시작될 예정이었으므로 당일 아침 첫 항공편으로 베이징에 갈 수도 있었지만, 만에 하나 일어날 돌발 상황에 대비해 전날 미리 가기로 했습니다. 그런데 예정일에 악천후로 비행기가 뜨지 않는 사태가 발생하는 바람에 갑작스럽게 나리타 공항 근처 호텔에서

1박을 하게 되었습니다.

그때까지도 다음 날 출발 시각이 정해지지 않아 호텔에서 중국 팀과 긴급회의를 했습니다. 그리고 '만약 내가 행사 시작 시간에 맞춰 도착하지 못한다면 지역 매니저가 나를 대신해 인사한다'는 단순한 플랜B를 세웠습니다.

다음 날, 행사 시작 시간에 딱 맞춰 행사장이 있는 호텔에 도착했고, 황급히 행사장으로 향하느라 땀범벅인 상태로 등장했습니다. 결국 일정보다 5분 늦게 행사를 시작할 수 있었습니다. 상황이 너무 아슬아슬하게 전개돼 내심 마음을 졸였던 기억이 납니다.

이 경험에서 배운 것이 있습니다. '플랜B가 있으니 괜찮다'고 안이하게 생각해서는 안 된다는 것이었습니다.

'여차하면 플랜B를 가동하면 되니까 괜찮다'고 생각하고 저는 관광객이라도 된 듯한 기분에 인사말 준비도 제대로 하지 않은 채 무책임한 상태에 빠져 있었습니다. 이 일을 돌아보면 지나치게 낙관적인 저의 태도가 문제였다는 것을 깨닫습니다.

플랜B는 어디까지나 최후의 수단입니다. 플랜B를 과신하면 자신이 맡은 책임을 회피하는 태도를 취하게 될 수 있습니다. 여러분은 저처럼 플랜B를 과신하는 우를 범하지 마세요. 그리고 가능한 한 '플랜A(원래 계획)를 마지막까지 고수하자'는 교훈을 꼭 명심하는 것이 좋습니다.

6

타인을
내 편으로 만들면
업무가 훨씬 편해진다

부탁하는 능력은
훌륭한 업무 기술이다

할 일이 산더미 같아서 어디서부터 손을 대야 할지 알 수 없을 때가 있습니다. 하지만 모든 일을 혼자 할 수 없다는 걸 알면서도 다른 사람에게 협조를 부탁하기란 여간 용기가 필요한 일이 아닙니다. 생각보다 꽤 어려운 일이지요.

우리는 왜 '도움을 구하는 것'을 어렵게 느낄까요? 누군가에게 무언가를 부탁하고 싶어도 왠지 모를 거리낌과 망설임 탓에 구체적인 행동으로 옮기지 못하고 맙니다.

제 클라이언트 중에도 무슨 일이든 혼자 전부 떠안고 처리하려는 분이 많습니다.

그런 분을 보며 느끼는 것이 있습니다. 타인에게 도움 청하기를 꺼리는 분들은 남에게 피해를 주기 싫다는 생각이 강하다는 것입니다.

하지만, 곰곰이 생각해볼 일입니다. 혼자서 떠안고 있다가 나중에 피해를 주는 것보다 처음부터 자신의 상황을 잘 설명하고 상대방에게 도움을 받는 것이 자신뿐만 아니라 상대방에게도 유익할 테니까요.

대체 무엇이 우리에게 제동을 거는 걸까요?

부탁하는 것은 결코 나쁜 일이 아니다

일을 혼자 전부 떠안는 습관이 있는 어느 클라이언트와 이야기를 나눈 적이 있습니다. (E 씨라고 하겠습니다.) E 씨는 남에게 피해를 주기 싫다는 생각이 특히 강한 분이었습니다. 어느 날, 제가 이런 말을 했습니다.

"곰곰이 생각해보세요. 혼자서 전부 처리하려고 하다가 나중에 차질을 빚어 피해를 주는 것보다 처음부터 누군가에게 부탁하고 협조를 받는 편이 더 낫지 않을까요?"

이 말을 들은 E 씨는 깜짝 놀란 표정으로 말했습니다.

"다른 사람에게 부탁해도 된다는 생각은 한 번도 해본 적이 없습니다."

"남에게 부탁하면 큰일 나는 줄 알았어요…."

은폐하는 버릇으로 도피하면 안 된다 ✎

좀 더 자세한 이야기를 들어보니 이분은 다른 사람에게 "그런 것도 몰라?", "(다른 사람에게 도움을 받다니) 업무 태만 아니야?"라는 평가를 받기 싫었던 것이었습니다. 그 생각이 너무 강해 도움을 청하지 못한 거지요.

그런 생각은 E 씨의 내면 깊은 곳에서 기인하는 듯했습니다. 그는 어릴 적부터 "끝까지 자기 힘으로 해내야지", "다른 사람에게 폐를 끼쳐서는 안 돼" 등 엄격한 교육을 받으며 성장했다고 합니다.

그래서 E 씨는 "다른 사람에게 마음의 빚을 지는 게 싫다. 몹시 꺼려진다"라고 말하기도 했습니다.

그러나 고정관념은 바꿀 수 있습니다. 우선 '내가 다 해야 한다'라는 고정관념을 버리고 조금씩 다른 사람에게 부탁하는 법을 익혀보는 겁니다. 상대에게 부담이 되지 않을 정도로 작은 일부터 시작해보세요.

미국 유학에서 익힌
타인에게 의지하는 힘

특히 아시아 문화권 출신들 중에는 타인에게 도움을 받거나 부탁하는 것을 어려워하는 사람이 많은 것 같습니다. 저는 그런 면에서 거리낌이 없는 편이라 저를 보고 놀라는 분이 많습니다. 그래서 오늘의 저를 있게 한 경험을 공유합니다.

제가 미국에 유학 간 직후의 이야기입니다. 당시 저는 자전거 외에 버스를 주요 이동 수단으로 삼고 있었는데 버스를 타는 법이나 가게에서 물건 사는 법, 기본적인 생활 지식 등은 전혀 몰랐습니다. 게다가 그때는 영어를 거의 하지 못하기도 했지요.

그런데 주위 사람들이 해외 생활이 낯선 저에게 친절하게 도움을 베풀어주었습니다. 처음에는 도와주는 분들에게 감사를 느끼기보다 당연한 것도 모르는 저 자신이 창피하다는 마음이 강했습니다.

그러나 점점 타인에게 의지하는 것에 익숙해지며 그때까지 몰랐던 것을 배울 기회가 늘었습니다. 또, 새로운 것을 알면 알수록 제가 모르는 것이 많다는 점을 깨달았습니다. 저는 영어로 말하는 것을 두려워하지 않고 더욱더 많은 사람과 교류하게 되었습니다.

이 경험을 통해 다른 사람에게 도움을 받는 것, 또 모르는 것을 묻는 것에 대한 거부감이 점점 줄어들었습니다.

지극히 '작고 사소한 일'부터 시작해보자 ✎

저의 경험으로 볼 때, 지금 타인에게 의지하는 기술이 부족한 사람이라도 반드시 변할 수 있습니다.

물론 갑자기 해외 유학을 갈 수는 없으므로 일단 '모든 것을 내 손으로 해야 한다', '자립적으로 해야 한다'는 고정관념을 내려놓는 것부터 시작해보면 어떨까요?

상대방에게 부담을 주지 않을 정도로 작은 일부터 시작하다 보면 점점 익숙해질 것입니다.

"2~3분 정도 시간 괜찮으세요?"

"이 문제 좀 함께 생각해주실 수 있을까요?"

"괜찮으실 때 이 자료를 보시고 의견 좀 주실 수 있을까요?"

이런 식으로 작은 부탁부터 시작해보세요. 그러다 보면 점점 중요한 안건으로 이어질 것입니다.

'나는 맡은 건 무엇이든지 무조건 열심히 하는 경향이 있는데, 사소한 일을 부탁해볼까? 이 정도라면 상대방도 싫어하지 않을 것 같다.' 이런 식으로 머릿속으로 시뮬레이션을 해보세요. 그러면 도움을 청하는 것에 대한 두려움이 조금씩 사라져 새로운 첫걸음을 내디딜 수 있습니다.

현명하게
도움을 요청하고 받는 방법

그럼 실제로 도움을 요청하는 단계에 관해 설명하겠습니다. 사실 이것은 제가 클라이언트인 입사 2년 차 신입사원 F 씨에게 그대로 전했던 내용입니다.

F 씨는 적극적이고 의욕이 왕성한 분이었지만, 아직 일을 배워가는 단계였습니다. 일하는 요령을 잘 몰라 과제를 수행하는 데 예상보다 시간이 오래 걸려서 마감 기한 내에 끝내지 못했던 경험 때문에 자책감에 시달리고 있었습니다.

저는 F 씨에게 다른 사람에게 부탁할 때는 어떤 식으로 질문하면 좋을지에 대해 단계별로 구체적인 조언을 해주었습니다.

STEP 1 자신의 필요를 명확히 한다

자신에게 무엇이 필요한지 아는 것은 별것 아니어 보이지만, 큰 변화를 가져옵니다. 우리는 의외로 자신에게 구체적으로 무엇이 필요한지 잘 모를 때가 많습니다. 어떤 도움이 필요하고 왜 그것이 필요한지 구체적으로 생각해보세요.

STEP 2 상대방에게 묻기 전에 스스로 조사한다

인터넷에서 검색하면 곧바로 알 수 있는 것을 묻는 것은 부끄러운 일입니다. 그러므로 먼저 스스로 조사해보세요. 의외로 간단히 답을 찾을 수 있는 것도 있습니다. 검색하거나 조사를 해도 모르는 것이 다른 사람에게 도움을 청할 질문입니다.

정답과 오답을 확실히 알 수 있는 질문은 스스로 조사합니다. 인터넷뿐만 아니라 자신이 해둔 메모나 메일 등에 해답이 될 만한 내용은 없는지 확인해봅니다. 그래도 답을 찾을 수 없다면 질문합니다. 먼저 조사한 후 다른 사람에게 질문하면 내가 할 수 있는 일을 했다는 자신감을 가질 수 있습니다.

어떻게 해야 좋을지, 무엇을 하는 것이 좋을지 등 여러 가지 선택지에서 최선의 것을 판단하고 골라야 하는 경우에는

가능한 한 장단점을 스스로 따져본 후, '자기 나름의 답'을 정하고 묻는 것이 가장 좋습니다.

예를 들면, "저는 ○○하는 게 좋을 것 같은데요, ○○ 씨는 어떻게 생각하세요?"라는 식으로 질문하는 것입니다. 그러면 상대방도 여러분의 질문에 답하기가 훨씬 쉽습니다. 만약 선택지가 전혀 떠오르지 않을 때는 무슨 문제 때문에 어려운 상황인지 명확히 전달하고 상의를 요청합니다.

STEP3 누구에게, 언제, 어디에서, 어떻게 부탁할지 구체적으로 생각한다

예를 들어, 외출하기 직전인 사람에게 일을 부탁하는 것은 현명하지 않습니다. 애초에 말을 걸 수 있는 상황이 아닙니다. 기본적으로 상대방의 입장에서 어떤 타이밍에 어떤 방법으로 물으면 기분이 상하지 않을지 생각해보세요. 메일이나 채팅으로 부탁하는 것이 좋을지, 전화 통화를 하거나 직접 만나서 말하는 것이 좋을지 등 상대방이 선호하는 의사소통 방법을 선택하는 것이 좋습니다.

여기서 중요한 것은 자신의 편의가 아니라 상대방의 편의와 선호를 고려하는 것입니다. 그러면 당연히 '유일한 방법'이 존재하는 것이 아니라, 상대방의 수만큼 다양한 방법이

있다는 것을 알 수 있습니다.

또, 실제로 질문이나 부탁을 할 때는 "본인이 마땅히 할 것도 하지 않고 묻는 거 아니냐"라는 핀잔을 듣지 않도록 "제가 ○○을 해보았는데 잘되지 않아 곤란합니다" 등의 이유를 공유하면 더욱 좋습니다.

그리고 상대가 대답하기 쉽도록 "A, B, C 중에서 어느 것이 좋을까요?" 등 몇 가지 선택안 중에서 고르는 방식을 취하는 것도 좋습니다. 고민을 담은 부탁과 떠넘기는 부탁은 다릅니다. 가능하다면, 자신의 의견을 전달하는 형태로 "○○라는 이유로 저는 B가 좋을 것 같은데, 어떻게 생각하십니까?"라고 묻는 형태가 이상적입니다.

STEP 4 도와준 사람들에게는 반드시 감사를 표시한다

"바쁘신 와중에 시간을 내주셔서 감사합니다" 등 감사의 뜻을 확실하게 표현합니다. 고맙다는 한마디가 상대의 마음에 감동을 주고 인간관계를 한층 돈독하게 해줍니다. 그리고 다음 기회를 더욱 용이하게 만들어줍니다.

이 단계를 밟음으로써 F 씨는 다른 사람에게 현명하게 도움을 청하는 방법을 익혔습니다. 제가 가장 전하고 싶었던

것은 '타인을 의지하는 것도 중요하다'라는 메시지였습니다. 남에게 부탁하는 건 자신 없다고 생각하는 분도 꼭 한번 도전해보세요.

상대를 존중하면서 거절하는 기술을 익히자

거절은 대단히 중요하지만, 세심한 배려를 중요시하는 사람들 중에는 거절을 잘 못하는 사람이 많습니다. 특히 상대방의 심정을 섬세하게 헤아리는 사람일수록 거절하기를 어려워합니다. 그러나 적절하게 거절하는 능력을 익히면 스트레스를 줄이고 자신과 주위 사람 모두를 행복하게 할 수 있습니다. 어떻게 하면 거절을 잘할 수 있을까요? 몇 가지 팁을 소개합니다.

❶ 시간을 질질 끌지 않는다

시간이 지날수록 거절하기가 더 어려운 법입니다. 그뿐만 아니라 상대방의 기대도 높아져 거절했을 때의 실망도

커지게 마련입니다. 그러므로 질질 끌지 않고 되도록 빨리 거절하는 것이 중요합니다.

❷ 거절하기 전에 감사의 말을 전한다

갑자기 직설적으로 거절하면 상대방의 감정을 상하게 할 수 있습니다. 거절하기 전에 "제안해주셔서 감사합니다" 등 감사의 말을 해 상대방에 대한 존중의 뜻을 전달하는 것이 좋습니다. 그러나 감사의 말이 너무 길어지면 역효과가 날 수 있으므로 적당한 길이를 유지하는 것이 중요합니다.

❸ 거절하기 전, '죄송합니다만'이라고 양해를 구한다

상대방에 대한 배려를 드러내며 완충재 역할을 하는 말을 사용하면 좋습니다. 그렇게 함으로써 거절의 뜻이 부드럽게 전달됩니다.

❹ 거절의 이유를 명확히 전달한다

"○○ 업무를 △시까지 끝내야 한다", "오늘 몸 상태가 별로 좋지 않다" 등 구체적인 거절 이유를 명확하게 전달하면 상대방이 쉽게 수긍할 수 있습니다. 또, 거절하는 말 뒤에 "기대에 부응하지 못해 죄송합니다" 등의 말을 덧붙이면 거절하면서도 상대방에 대한 배려를 전할 수 있습니다.

❺ 대안을 제시한다

해줄 수 없다는 말로 끝내지 않고 다른 가능성을 제시함으로써 상대에 대한 협조의 의사를 진심으로 전할 수 있습니다. 예를 들어, "당장은 어렵지만 내일 오후는 괜찮습니다", "지금 하는 일을 늦출 수 있는지 알아보겠습니다. 만약 문제가 없으면 바로 도와드리겠습니다"라고 제안하는 겁니다. 상대의 입장에서 생각하며 최대한 협조하려는 자세가 중요합니다.

거절은 자신에게 유익한 것은 물론이고 늦지 않게 거절하면 상대방도 다른 계획을 세울 수 있으므로 상대방에게도 아주 유익합니다.

거절은 거북한 행위가 아니라 자기 자신과 타인을 존중하고 소중히 여기는 행위입니다.

업무 능력이 뛰어난 사람은
항상 '사람'에게 초점을 맞춘다

우리는 일상생활에서 항상 다양한 관계를 맺으며 살아갑니다. 무슨 일이든 가족, 친구, 동료, 고객 등 타인과 함께 어우러져 수행합니다.

그러므로 일을 순조롭게 추진하기 위해서는 인간관계의 기술을 익히는 것이 꼭 필요합니다. 계획을 세우고 일정을 짜는 것도 당연히 중요합니다. 하지만, 거기에서 한 걸음 더 나아가 더욱 순조롭고 성공적으로 일을 완수하기 위해서는 '사람'에게 초점을 맞춰야 합니다.

사람에게 초점을 맞춘다는 것은 다른 사람이 어떤 감정을 품고 있는지, 무엇을 기대하는지 이해하고 그것을 자신의 행동에 반영하는 것입니다.

예를 들어, 친구와 영화를 보러 가기로 약속했다고 합시다. 그러면 무턱대고 자신이 보고 싶은 영화를 고르는 것이 아니라 친구가 어떤 영화를 좋아하는지, 여러 사람이 함께 즐기며 볼 수 있는 영화는 어떤 것인지 등을 생각하는 것입니다.

그것이 당연하다고 생각할지도 모르겠습니다.

여기서 그 '당연한 것'에 관해 좀 더 깊이 살펴보겠습니다.

예를 들어, 여러분이 친구들과의 여행 계획을 세운다면 다음과 같은 절차를 밟을 것입니다.

❶ 관계자 파악: 여행에 관련된 사람들을 정리하고 이름과 역할 목록을 만든다.

> 예 함께 여행 갈 친구는 누구인가?, 여행사 담당자는 누구인가?

❷ 이해와 분석: 여행과 관련된 사람들의 감정, 희망 사항, 고민거리를 확인한다. 누가 관심이 있는지, 긍정적 혹은 부정적인지, 누가 영향력이 있는지 분석한다.

> 예 친구는 어떤 여행을 좋아하는가?, 예산은 얼마 정도인가?, 걱정되는 요소는 무엇인가?

❸ 우선순위 결정: 여행과 관련된 사람 중에서 누가 가장 중요하고 누구에게 가장 많이 신경을 쓸지 정한다. 어느 정도의 빈도로 어떻게 의견을 주고받을지도 고려한다.

예 친구 중 누가 가장 여행에 적극적인가?, 누가 가장 불안해하는가?, 누구의 의견을 가장 존중하는가?

❹ 원활한 협조: 여행과 관련된 사람들과 대화를 통해 의견을 듣고 협조를 얻으며 모두 수긍할 수 있는 방향으로 여행을 추진한다.

예 친구와 일정과 장소를 정한다, 무슨 문제가 있으면 상의한다.

❺ 상황 주시: 여행 중에도 여행 관련자들의 상태와 반응을 보며 문제가 없는지 확인한다.

예 즐거운 시간을 보내고 있는가?, 숙박 시설과 관광지에 만족하는가?, 무슨 문제는 없는가?

❻ 문제가 없는지 사후 확인: 여행이 끝나고 나서도 여행 관련자들에게 감사의 뜻과 피드백을 전하고 문제가 없는지 확인한다.

예 친구에게 고마움을 전한다, 숙박 시설 직원에 관해 리뷰를 쓴다, 다음 여행을 위한 개선점을 생각한다.

이 과정은 여행뿐만 아니라 학교, 직장, 취미, 공동체 활동 등 일상생활의 모든 상황에서 응용할 수 있습니다. '사람'에 초점을 맞추는 것은 모든 일을 순조롭게 이끌어가는 비결입니다.

단, 이것은 단순히 상대방을 이해하고 존중한다는 표면적인 마음 씀씀이만을 의미하는 것은 아닙니다. 실제적으로 누가 협조적이고 누가 그렇지 않은지, 누가 영향력이 있는지, 누구와 적절한 거리를 유지해야 할지 등을 고려해 원만히 과제를 추진하는 능력이 있어야 합니다.

앞서 소개한 과정을 다시 검토해 평소 생활에 적용해보면 어떤 일들을 무의식적으로 해왔는지 알 수 있게 될 것입니다.

기본적으로 다른 사람과 업무나 과제를 함께 추진할 때는 그 사람들의 감정과 생각을 이해하고, 그것을 자신의 행동에 반영하는 것이 중요합니다. 이는 업무 수행에서 대단히 중요한 요소입니다.

상대방의 의향을 제멋대로 넘겨짚지 않는다

해외 팀과 함께 일했을 때 팀원들과 생각이나 의견이 일치하지 않는 일은 일상다반사였습니다.

동남아시아 지역에서 판매 촉진을 담당했을 때 있었던 일입니다. 인도네시아에서 이벤트를 아침부터 개최하는 안을 기획해 제안했더니 즉시 "이벤트는 오후에 여는 것이 좋겠다"는 의견이 돌아왔습니다. 그때는 제가 제안한 아이디어가 그 자리에서 부정당했다는 생각에 좀 의기소침해졌습니다.

그러나 협의하는 과정에서 상대방은 단지 현지 교통 체증 문제와 참석자들의 근무지 등을 고려해 자신의 의견을 제시한 것뿐이었다는 사실을 알게 되었습니다. 결코 이벤트 개최라는 제 아이디어를 부정한 것이 아니었습니다.

한편 상대방에게 질문했는데 대답이 돌아오지 않았을 때도 있었습니다. 제가 "현지 미디어 관계자들을 이벤트에 초청할 수 없을까요?"라고 질문했을 때입니다.

"…."

"…."

"…."

아무도 대답하지 않았습니다.

이때도 '무시당한 건가?', '틀림없이 내 질문에 아무도 관심이 없는 거야'라고 넘겨짚고 의기소침해졌으나, 시간이 흐르고 나서 다른 대화를 하다가 그들이 당시 제 질문의 의도를 이해하지 못해서 대답하지 않았던 것뿐이었다는 사실을 알게 되었습니다.

이 경험들을 통해 해외 담당자와 협업할 때에는 자신과 상대방의 문화와 관습 차이를 이해하는 것이 중요하다는 사실을 배웠습니다.

하나하나 언어로 확인하자

이 교훈은 비단 해외 업무의 경우에만 해당하는 것은 아닙니다. 나이나 직업이 다른 다양한 사람과 이야기할 때도 마찬가지입니다. 다양한 사람과 의견을 주고받으면 당연하게도 가치관이나 사고방식, 판단 기준의 차이가 드러납니다.

그러므로 상대가 '왜 그렇게 생각할까?', '왜 그런 의견을 제시할까?', '무엇이 그렇게 만드는 걸까?' 등 이야기의 배경과 문맥을 포함해 '왜'라는 부분을 확실히 언어로 표현해서 확인하는 것이 중요합니다.

'거절' 역시 마찬가지입니다. 제멋대로 지레짐작해서 상대방을 이해했다고 생각하지 말고, 상대를 배려해 정중하게 의사소통하는 방식으로 거절을 하는 것이 중요합니다.

좋은 협업의 '치트키', 유연성과 배려심

과거 맡았던 업무 중에 아시아 각국 마케팅 활동 보고를 취합해 정리하는 작업이 있었습니다. 이 일을 하며 일본의 '연락·보고·상의'라는 문화와 타 국가의 의사소통 방식의 차이를 느낀 적이 종종 있었는데, 그 이야기를 하고자 합니다.

지금은 바뀐 곳이 있을지도 모르지만, 일본 기업에서는 '연락·보고·상의'의 중요성을 신입사원 때부터 귀에 못이 박히도록 교육받는 일이 일반적이었습니다. 그러므로 '연락·보고·상의를 확실히 하세요'라는 말 한마디면 모두 알아듣고 대부분 제때 연락을 하곤 했습니다.

"왜 마감 기한을 지키지 않지?"라고
말하기 전에

그러나 외국계 기업에서는 일본의 기업에서 통했던 것이 통하지 않았습니다.

예를 들어, 보고 마감 이틀 전에 각국의 팀원에게 알림 메일을 보냈는데도 마감 기한인 싱가포르 시각 정오(일본 시각 13시)가 되어도 정보가 다 모이지 않았던 적이 여러 번 있었습니다. 그때마다 저는 아직 제출하지 않은 팀원에게 황급히 연락해 재촉하는 등 진땀을 빼곤 했습니다.

그래서 언젠가부터 항상 마감 시간이 임박해서야 아슬아슬하게 일을 마무리하는 팀원은 쓴웃음이 나올 정도로 집요하게 챙기기로 마음먹었습니다.

마감 일주일 전에 "이번 달도 잘 부탁합니다!", 이틀 전에는 "어떻게 되고 있어요? 잘 진행되고 있나요?", 그리고 당일 오전에 "아무 문제 없나요? 기다리고 있어요!" 하는 식으로 시시때때로 '알림 축제'를 열었습니다.

그 팀원도 저의 밀착 관리에 두 손을 들었는지 그 뒤로는 제때제때 정보를 제출했습니다.

또 매주 일대일 면담을 통해 그 팀원과 자주 이야기를 주고받음으로써 더욱 좋은 관계를 형성할 수 있었는데, 면담 중에 가볍게 언급하는 것만으로도 태도가 크게 개선되었습니다.

알림 축제와 개별 면담이 사람에 따라서는 조금 번거롭게 생각될지도 모르지만, 이런 수고를 아끼지 않음으로써 저는 해외 팀원들과의 신뢰 관계를 확고하게 구축할 수 있었습니다.

상대에게 맞춰서 유연하게 대응한다 ✏️

'연락·보고·상의'라는 기업 문화가 정착된 국가는 그리 많지 않습니다.

그렇다고 해서 처음부터 모든 구성원에게 똑같은 접근법을 취하는 것도 적절하지 않습니다. 외국인 팀원 중에는 보고를 아주 일찍 하는 사람도 있기 때문입니다. 정말이지 열이면 열 모두 다릅니다.

그러므로 각 팀원과 관계를 맺을 때에는 의사소통의 빈도와 방식을 상대에게 맞춰 적절하게 조정해가는 것이 중요합니다.

저는 외국인 팀원들과 일하면서 각국의 문화와 사람들의 가치관을 이해하는 것이 얼마나 중요한지 배웠습니다.

예를 들어, 서구권 국가 사람들은 보고나 연락은 최소한으로 하고 자신의 판단에 따라 행동하는 경향이 있습니다. 아시아 국가 사람들은 상대와의 관계를 돈독히 하기 위해 의사소통 횟수를 비교적 늘리는 편입니다.

다만, 같은 아시아 국가라고 해도 시간 감각과 가치관이 다른 나라들도 있습니다. 인도네시아 자카르타를 예로 들자면, 매일매일 출퇴근을 할 때마다 1시간 가까이 교통 체증에 시달렸습니다. 그렇게 환경이 다르므로 사고방식도 다를 수 있음을 새삼 깨달았습니다.

다양한 사람과 의사소통을 하기 위해서는 '유연성'과 '배려심'이 필요합니다. 거꾸로 말하면 이 두 가지 요소만 있다면 자신과 전혀 다른 사람과도 원활하게 협업하며 일을 추진할 수 있습니다.

다양한 세대가 점점 글로벌화되는 시대입니다. 서로 다른 배경과 상황, 가치관을 존중하며 서로를 이해하는 태도는 앞으로 더욱 중요해질 것입니다.

성공한 사람일수록 모든 것에 감사한다

여태까지 제가 만나온, 업무관리와 수행 능력이 뛰어난 경영자들이나 관리자들에게는 공통점이 있습니다.

바로 '감사'를 소중히 여긴다는 점입니다. 그들은 매일 활동하는 동안 주위 사람들에게 "고맙습니다"라고 자주 말합니다.

그들은 자신이 하지 못하는 일이 있을 때 다른 사람에게 협조를 부탁해 도움을 받고, 도움을 받았다는 사실을 인정합니다.

또 유능한 사람일수록 타인의 능력에 의지하는 데 주저함이 없고, 도움을 받은 만큼 마음 깊이 감사합니다. 그런 사례를 수없이 봐왔습니다.

제가 일을 함께해온 사람 중에는 '감사' 하면 가장 먼저 떠오르는 어느 경영자가 있습니다. 직원 수가 100명 정도 되는 중간 규모의 IT 기업 CEO였습니다.

이분의 놀라운 점은 매일 업무가 끝날 때마다 의견을 제시해준 사람들에게 메일로 감사 메시지를 보내는 습관이 있다는 것입니다. "○○ 씨의 아이디어와 제안이 대단히 큰 도움이 되었습니다. 감사합니다"와 같이, 구체적인 내용을 담은 메시지를 보냅니다. 거대하고 성공적인 프로젝트뿐만 아니라, 소소한 매일의 업무에 관해서도 마찬가지입니다.

경영자이니만큼 매일 대단히 바쁠 텐데도 상대방에게 전화를 걸어 직접 감사의 말을 전할 때도 있습니다.

또 팀원의 생일이나 기념일에는 반드시 "축하합니다"라는 말을 전합니다. 이처럼 이 경영자는 자신의 업무에 도움을 주는 사람들에게 감사의 마음을 품고 그 마음을 적극적으로 전달함으로써 직장 분위기를 화목하게 만듭니다.

이후 저도 누군가의 힘을 빌릴 때마다 감사의 뜻을 표하는 것을 중요하게 여깁니다. 그리고 도움을 준 사람에게 가능한 한 제가 할 수 있는 형태로 보답하고자 노력하고 있습니다.

7

계획대로 되지
않더라도
당황할 이유는 없다

차질이 생기는 것도
프로세스의 일부

업무 및 일정 관리 연수를 해보면, 업무 능력이 미숙한 사람일수록 모든 것이 원활하게 진행된다는 전제 하에 행동하는 경우가 많습니다. 그리고 무언가 하나라도 차질이 생기면 그 순간 무척 당황합니다. 막막함을 느끼며 무슨 일을 해야 할지 몰라 옴짝달싹하지 못합니다.

왜 이런 일이 생길까요? 준비와 계획 단계에서 차질이 생기거나 돌발 상황이 일어날 가능성, 순조롭게 진행되지 않을 상황을 상정하지 않았기 때문입니다. 또는, 문제가 생기지 않기를 기대하기 때문입니다.

그래서 일찌감치 일을 시작했음에도 일이 계획대로 진행되지 않아 결국 마감 기한에 임박해 초조함을 느끼며 황급히 수습하다 큰 스트레스에 시달리게 됩니다.

이런 상황을 개선하기 위해서는 어떻게 하면 좋을까요?

계획은 언제나 그대로 이루어지지 않는다 ✏️

무엇이든 계획을 세울 때 사람들은 무의식적으로 '이대로 되어주길 바라는' 다소 비현실적인 기대를 품고 있는 듯합니다.

그러나 실제로 문제는 으레 생기는 것이라고 생각하면 일을 원활히 추진하는 데 훨씬 도움이 됩니다.

예를 들어, 다이어트를 열심히 하다가 스트레스가 쌓이거나 충동적으로 음식을 먹게 되는 순간이 있습니다. 그러나 다이어트 중에는 반드시 이런 좌절과 유혹이 있는 법이라고 생각하면 치팅데이(좋아하는 음식을 맘껏 먹어도 되는 날)를 설정하는 등, 자신에게 맞는 방법이나 속도를 발견하려고 노력할 수 있습니다.

업무도 마찬가지입니다. 발표를 준비할 때 자료 작성에 예상외로 시간이 오래 걸리는 바람에 발표 연습을 충분히 하지 못해 결과적으로 말하는 순서가 뒤죽박죽이 되는 데다 내용은 두서없이 늘어놓고 질의응답 시간에도 제대로 대답하지 못할 때가 있습니다.

하지만 실제로 발표 자료를 만드는 데는 생각보다 시간이 오래 걸립니다. 그와 동시에, 발표 후에는 반드시 질문이 나오리라 예상하면 미리미리 자료 작성을 완료하고 예상 질문에 대한 답변을 준비할 수 있습니다.

'문제는 당연히 생기는 법이다' 라고 여기면 마음이 편해진다

일이 계획대로 술술 풀릴 거라고 기대하면 실망이 큽니다. 생각한 대로 되지 않으면 초조해지고 스트레스를 느낄 뿐만 아니라 자신이 무능한 인간이라는 생각에 빠지기도 합니다.

그러나, 아예 관점을 바꿔서 '문제가 생기는 것은 당연하다'고 생각해보면 어떨까요?

차질이 생기거나 도중에 일정을 변경하는 것을 처음부터 계획의 일부라고 생각하면 도중에 일이 막히거나 변수가 생기더라도 실패했다거나 자신이 무능하다는 등 부정적인 감정에 빠지지 않게 됩니다.

일이 생각대로 되지 않는 것은 으레 있는 일이라고 받아들이면 평정심을 가지고 문제에 차분하게 대응할 수 있고 마음도 편해집니다.

가장 솔직하고
최대한 빠른 선택이 필요할 때

계획이 지연되어도 만회 계획이 있으면 괜찮다고 6장에서 말씀드렸습니다. 그렇다고는 해도 누구나 일이 기존 계획에서 벗어나면 부정적인 사고에 빠지거나 낙담할 수 있습니다.

이럴 때는 다음과 같은 사고에서 헤어 나오지 못하고 무기력한 상태에 빠지기도 합니다.

'아, 그때 그렇게 했으면 좋았을 텐데.'

'왜 그렇게 하지 않았지? 망했다.'

'어떡하지….'

'정말 싫다. 연락하기 싫어.'

'꾸중 듣기 싫다….'

이런 상태에 빠졌을 때 어떻게 자기 생각을 바꿀 수 있는지 그 요령을 알려드립니다.

주저하다가는 거짓말쟁이가 되고 만다 ✎

여기서 중요한 것은 거짓말쟁이가 되지 않는 것입니다.

"거짓말쟁이? 무슨 말이지?" 하며 의아해할 분들도 있을 겁니다.

대부분의 일은 반드시 다른 사람과의 관계 속에서 이루어집니다. 직장이라면 상대는 고객 등 회사 외 사람, 사내 동료, 타 부서 사람이 될 것입니다. 평소 개인 생활에서도 무슨 일에 문제가 생기면 자신뿐만 아니라 가족, 친구, 지역의 지인, 소속된 집단의 관계자 등 다른 사람에게도 영향을 미칩니다.

어떤 일이 계획대로 이루어지지 않았다고 합시다. 이 사실을 알게 된 시점에 즉시 보고나 상의를 하지 않으면 과장된 표현일지 모르지만, 상대는 여러분이 사실을 은폐했다, 즉 거짓말을 했다고 간주할 가능성이 있습니다. 설령 여러분에게 숨길 의도가 없었다고 해도 주저하는 사이에 처리해야 할 다른 일이 생기는 등의 이유로 상대에게 제때 연락하지 못했다면 의도치 않게 사실을 은폐했다는 인상을 줄 수 있습니다.

그럴 때 사정을 잘 모르는 상대가 여러분이 거짓말을 했다, 배신했다고 느낀다면 인간관계에 금이 갈지도 모릅니다.

'조금만 더 고민하다 말해야지'가 위험한 이유

문제가 발생하면 누구나 불안에 사로잡히고, 당연히 '큰일 났다', '여기서 당장 도피하고 싶다'고 느낍니다.

그럴 때는 이 사실을 명심하길 바랍니다.

무슨 일이든 고민의 시간이 길어질 때 문제의 파장도 함께 커진다는 것입니다. 예를 들어, 보고가 지연되면 지연될수록 그것을 전달하기가 어려워집니다. 죄책감과 자기혐오라는 부정적인 감정의 악순환에 빠질 가능성도 있습니다.

그러므로 무엇이든 문제가 발생했을 때는 신속하게 보고하고 사죄하는 것이 좋습니다. 그러지 않으면 문제가 더 커지고 신뢰 회복이 어려운 지경에 이를 우려가 있습니다.

물론 머리로는 알고 있지만 행동으로 옮기지 못하는 경우도 있을 것입니다.

괜찮습니다. 다시 한번 말씀드리지만, 무슨 일이든 걱정될 때가 가장 영향이 적습니다.

요컨대, 만약 계획대로 되지 않더라도 그때그때 누군가와 상의할 수 있고 상대방에게 전달하고 사죄할 수 있다면, 대부분의 경우 큰 문제 없이 해결됩니다.

중요한 것은 변명보다 대책

이때 중요한 것은 변명하지 않는 것입니다. 필요한 것은 변명이 아니라 대책입니다.

우리는 마음에 걸리는 것이 있으면 자기도 모르게 변명을 함으로써 조금이라도 용서받고자 하는데 이것은 소용없는 일이라는 사실을 받아들여야 합니다.

무언가 문제가 생기고 예정대로 진행되지 않을 때 상대에게 구구절절 변명하기보다 '이 상황을 타개하기 위해서는 어떻게 하면 좋을지' 생각해 대책을 제시하는 것이 바람직합니다.

사죄하는 것도 중요하지만, 그 후 상황을 개선하기 위해 만회 계획을 준비해두는 것이 얼마나 중요한지는 다시 말씀드릴 필요가 없을 것입니다.

"거짓말하지 않는다."
"변명하지 않는다."
"대안을 생각한다."

무슨 일이든 너무 많이 생각하다 보면 해결은커녕 만사가 꼬이고 복잡해지기 일쑤입니다.

고민이 될 때일수록 위에 제시한 규칙을 따라 단순하게 행동할 것을 권합니다.

초조할수록 타인에게 하듯
자신에게도 정중하게

"빨리해!", "왜 아직 못 했어?!"

퉁명스러운 말투로 이런 말을 들으면 누구나 심리적으로 위축되어 오히려 중요한 것을 잊어버리거나 쓸데없는 실수를 하고 맙니다.

그럴 때 다른 사람에게서 부정적인 말 대신에 "오늘이 수요일이지. 이번 주 금요일이 마감인데 제출할 수 있겠어? 어려운 점은 없고?"처럼 공감과 배려가 느껴지는 말을 듣는다면 업무와 관련된 구체적인 사실을 떠올리며 차분하게 업무를 추진할 수 있을 것입니다.

자신에게도 같은 방식으로 말해주면 어떨까요?

즉, 자신을 너무 엄격하게 책망하지 말라는 뜻입니다.

머릿속으로 막연하게 생각하거나 책망하듯이 원인을 추궁하지 말고 구체적인 사실을 기반으로 생각하면 어떻게 대응해야 할지 명확히 보입니다.

무슨 일이 있을 때마다 금세 초조해하고 조바심을 내곤한다면 일단 이렇게 자신의 업무관리 방식을 점검하고 사고방식과 행동 양식을 바꿔보면 어떨까요?

또 업무관리가 미숙할 때는 일정이 지연되거나 생각처럼 잘되지 않을 때 불안에 빠지거나 두려움을 느끼는 등 부정적인 감정에 사로잡히는 경우가 많습니다. 의식적으로 감정보다는 사실을 기반으로 생각하는 습관을 몸에 익히면 이를 극복하기가 좀 더 쉬워집니다.

인생을 살다 보면 예상 밖의 일이 늘 일어난다

제가 미국에 유학을 갔을 때의 이야기입니다. 미국에서 생활할 때, 일본에서는 경험할 수 없었던 크고 작은 문제나 조마조마한 해프닝이 매일매일 벌어졌습니다.

예를 들어, 미국에는 호텔에서 직원이 짐을 들어다 주는 등 소소한 서비스를 받으면 팁을 지불하는 문화가 있습니다. 그러나 그때 제 수중에는 20달러 지폐밖에 없었습니다.

'팁으로 이걸 전부 주기에는 너무 많은데, 어떡하지….'

이처럼 생각지 못한 장소에서 팁 때문에 머리를 감싸 쥐었던 적이 한두 번이 아니었습니다. 그리고 그 와중에 잔돈으로 바꾸러 뛰어다니는 스릴을 맛본 적도 있습니다.

또 미국에 막 도착했을 무렵, 근처 시내에 있는 레스토랑에서 샐러드를 주문했는데, 잠시 후 나온 음식은 주요리로 착각할 정도로 '초거대 샐러드'였던 적도 있습니다.

그러나 그런 경험을 통해 조금씩 미국 생활에 적응해갔습니다. 미국인 친구와 함께 생활하면서 미국 문화를 이해하게 되었고 시야가 점점 넓어졌으며 사고방식이 이전보다 긍정적이고 적극적으로 변했습니다.

그러던 어느 여름, 이전에 룸메이트였던 미국인 친구가 사는 워싱턴주의 스포캔시에 놀러 갔을 때의 일입니다. 재회의 기쁨과 흥분을 나누며 그 기세를 몰아 친구와 친구의 친구, 저 셋이서 캐나다에 놀러 가기로 했습니다.

두근두근 설레는 마음으로 몇 시간을 운전해 마침내 미국과 캐나다의 국경에 도착했습니다. 그런데 그대로 차에 탄 채 입국하려는 순간, 고조되었던 기분은 단숨에 다른 의미의 두근거림으로 바뀌었습니다.

웬걸, 제가 여권을 가져오지 않았던 것입니다!

미국인 친구들은 캐나다에 입국할 때 여권이 필요 없지만, 일본인인 저는 여권이 필요했습니다. (당연한 얘기입니다만….)

'아, 하필 이럴 때?!' 그때는 생각지도 못한 상황에 맞닥뜨려 맥이 빠진 채 왔던 길을 되돌아올 수밖에 없었습니다. 당시에는 어쩔 도리가 없었으므로 모두 쓴웃음을 짓고 말았지만, 지금은 좋은 추억이 되었습니다.

미국에서도 수차례 경험했지만, 지금 제가 절실히 느끼는 것은 '인생을 살다 보면 예상외의 일이 늘 일어난다'는 것입니다.

예상한 일이라면 대책을 세울 수 있겠지만, 인간이 모든 상황을 예측한다는 것은 불가능하므로 예상외의 사건이나 문제는 반드시 발생합니다. 여러분뿐만 아니라 모두에게 그렇습니다. 그렇게 생각하면 조금은 마음이 편안해질 것입니다.

아무리 치밀하게 준비를 해도 예상치 못한 사건이나 문제는 으레 발생하는 법이라고 생각하고 그 상황을 받아들인 뒤 침착하게 그에 대한 대책을 세우면 무난하게 대처할 수 있습니다.

만약 예기치 않은 일이 발생하면 우선 심호흡을 한 후 '예상외의 상황은 늘 발생해. 당황할 필요 없어. 지금부터 어떻게 할지 사실을 토대로 생각하자'라고 마음속으로 되뇌며 무엇을 해야 할지, 어떻게 대처해야 할지 차분하게 생각해보세요.

그렇게 하다 보면 자기뿐만 아니라 타인의 실수도 더욱 너그럽게 받아들이게 됩니다.

8

일상을
깔끔하게 정리해줄
다양한 도구들

머리 쓰는 일은 아침에,
재충전은 오후에

아침을 어떻게 보내느냐에 따라 하루가 크게 달라집니다.

예를 들어, 아침에 산뜻한 기분으로 오늘 꼭 처리해야 할 일부터 시작할 수 있다면 그날 하루는 모든 일이 척척 진행될 듯한 느낌이 듭니다.

정해진 시간 내에 효율적으로 일하는 비결은 자신에게 맞는 시간대를 찾는 것입니다. 일의 내용에 따라 특정 시간대에 해당 업무를 수행하면 효율이 올라갑니다.

예를 들어, 아이디어를 내거나 기획을 구상하고 글을 쓰는 작업은 오전 중, 즉 아침에 할 것을 절대적으로 추천합니다. 머리가 맑은 시간대에 이 업무를 하면 더욱 효과가 높습니다.

세미나나 연수 때 참석자들과 이야기를 나눠보면 '고객이나 외부 관계자와의 협의', '금전에 관련된 중요한 업무' 등 실수하면 심각한 일이 벌어지는 업무는 오전에 하는 참석자가 상당수라는 사실을 알 수 있습니다. 이들은 모두 중요한 일을 오전 중에 함으로써 실수를 막을 수 있다는 것을 경험적으로 알고 있었습니다.

또 업무나 가사로 바빠지기 전 이른 아침 시간에 어학이나 자격증 공부를 하는 분도 많습니다.

'아침·점심·저녁' 업무를 구분해 효율을 높이자!

사람마다 다르겠지만, 점심시간 이후는 아무래도 졸음이 오므로 집중력이 조금씩 떨어지기 마련입니다. 머리 쓰는 업무는 오전 중에 하는 것이 효율적인데 오후에 하려니 생각처럼 진전되지 않고 눈 깜짝할 새 시간만 흘러가버리기 쉽습니다.

참으로 안타까운 일입니다. 오후에는 가벼운 회의나 협의 등 타인과 함께하는 일을 하는 편이 좋습니다.

'나 혼자서 졸음과 싸우지 않는 것'이 핵심입니다. 다른 사람과 의견을 주고받다 보면 어느새 졸음이 물러갈 것입니다.

또 머리를 그다지 쓰지 않아도 되는 단순 작업 등 업무의 강도를 조절해 수행하는 것이 중요합니다. 시간대에 따라 작업을 구분함으로써 매일의 업무 시간 전체를 효율적으로 사용할 수 있습니다.

내일 할 일은 전날 밤에 준비해두면 마음이 편안하다!

매일 아침, 하루가 시작됨과 동시에 잔뜩 쌓여 있는 '해야 할 일'에 직면하게 됩니다. 그로 인해 압박감에 짓눌릴 뿐만 아니라 무슨 일부터 손을 대야 할지 막막할 때도 있을 것입니다.

그럴 때는 전날 밤에 하루를 돌아보며 정리하고 다음 날 '할 일 목록'을 작성하는 것이 도움이 됩니다. 이렇게 하면 다음 날 침착하게 업무를 시작할 수 있습니다. 아주 사소한 실천인 것 같지만, 이것이 큰 차이를 가져옵니다.

밤에 몇 분씩 그날의 경험을 돌아보며 무엇이 효과가 있었는지, 무엇이 그렇지 않았는지 점검하면 그날 얻은 것을 자기 것으로 만들 수 있습니다.

다음 날 할 일 목록을 만들면 머릿속 생각이 정리됩니다. 할 일을 누락하는 일도 줄어들고 다음 날 계획적으로 행동할 수 있습니다. 특히 여러 업무가 머릿속에서 뒤죽박죽이 되어 무슨 일을 해야 할지 몰라 우왕좌왕하는 분께 추천하는 방법입니다.

또 목록을 만들 때 무엇이 중요한지 생각해보게 되므로 다음 날 할 작업의 우선순위를 정하기가 쉬워집니다. 아침에 곧바로 해야 할 중요 업무에 착수할 수 있게 되고, 별 의미 없이 메일과 메시지를 확인하는 수동적인 시간이 줄어듭니다.

하루 계획이 명확하면 자신의 속도와 방식으로 업무를 주도적으로 추진할 수 있습니다. 그러면 시간 낭비를 막을 수 있고 불안과 스트레스 또한 감소합니다.

전날 밤에 다음 날 업무를 준비하는 방법

밤에 몇 분간 그날 업무를 돌이켜보며 다음 날 할 일 목록을 작성하는 시간을 정해둡니다. 다음 3단계의 순서로 하면 됩니다.

❶ 오늘을 돌아본다

다음 질문을 자기 자신에게 던져봅니다.

"오늘 무슨 일을 했는가?"

"무엇이 계획대로 진행되었고 무엇이 계획대로 진행되지 않았는가?"

"미처 마무리하지 못한 일이 있는가? 왜 끝내지 못했나?"

"오늘 경험을 통해 무엇을 배웠는가?"

❷ 다음 날 필요한 것을 가시화한다

종이에 써도 되고 스마트폰 앱을 사용해도 상관없습니다. 다음 문항을 포함해서 스스로에게 물어보세요.

"무엇이 새로 필요한가?"

"요청받은 사항에 변경은 없는가?"

"해야 하는데 잊어버린 안건은 없나?"

이 시점에서는 우선순위는 신경 쓸 필요가 없습니다. 목표를 달성하고 성과를 내는 데 필요한 모든 것을 쏟아내는 것이 중요합니다.

❸ 할 일의 우선순위를 정한다

이 단계에서는 무엇이 가장 중요한가, 무엇은 좀 나중에 해도 되는가를 판단합니다. 그리고 각각의 작업에 어느 정도 시간이 필요한지 산정합니다. 그렇게 하면 다음 날의 일정을 현실적으로 짤 수 있습니다. 언제 무엇을 할지 일목요연하게 볼 수 있도록 디지털 달력에 입력해두는 것도 좋습니다.

사전 준비를 할 때의 팁 ✏️

여기에서 중요한 것은 의식적으로 여유 시간을 확보하는 일입니다. 휴식이나 재충전을 위한 시간으로 사용할 수도 있고 예기치 못한 돌발 상황에 대비할 수도 있습니다. 그러므로 여유 있는 일정을 짜는 것이 원활한 업무 추진을 위해 꼭 필요합니다. 상황과 환경은 언제나 변합니다. 변화에 발맞춰, 또 필요에 따라 할 일 목록을 검토하고 조정해보세요.

참고로 저는 업무에 관해서는 퇴근 전에 사무실에서 다음 날을 위한 준비 작업을 하고 있습니다. 여러분 각자에게 맞는 시간에 다음 날을 대비해 사전 준비를 해보세요. 목표가 명확해지고 행동에 막힘이 없어지며 스트레스가 줄어들 것입니다.

자기 긍정감을 높여주는 도구, 디지털 달력을 사용하자

제가 진행하는 시간 관리 세미나에 참가한 G 씨가 이런 이야기를 한 적이 있습니다. 그때까지 G 씨는 수첩을 사용해 일정을 관리했습니다. 그러나 그로 인해 여러 차례 곤란한 경험을 했다고 합니다.

중요한 일정을 잊어버리거나 잘못 적어두는 등 실수가 잦아서 G 씨는 왜 그렇게 되었는지 고민하고 있었습니다. 그러면서 '나는 일정 관리도 제대로 못 하는 무능한 인간인가?' 하는 생각에 빠지고 자기 평가도 낮아졌다고 합니다.

그런 G 씨의 생활을 완전히 바꾼 도구가 있었습니다. 바로 디지털 달력입니다. 디지털 달력은 저 역시 애용하고 있고 다른 분들에게도 강력하게 추천하는 도구라 저는 G 씨의 이야기에 깊이 공감했습니다.

그래서 디지털 달력의 장점과 사용할 때의 팁을 소개해보려 합니다.

디지털 달력의 큰 장점

❶ 알림 기능을 사용할 수 있다

일정을 잊어버리거나, 수첩이나 메모장을 확인하는 걸 잊더라도 달력이 알림 기능을 통해 일정을 알려줍니다. (이 기능은 대단히 편리하므로 뒤에서 따로 자세히 소개하겠습니다.)

❷ 여러 개의 달력을 사용할 수 있다

업무용, 개인용, 가족용 등 용도에 따라 달력을 구분해서 사용할 수 있습니다. 그러면 중요한 일정을 놓칠 위험이 줄어듭니다. 각각의 달력을 보면 어느 영역에 에너지를 얼마나 쏟고 있는지, 또 에너지가 균형 있게 배분되고 있는지도 한눈에 보입니다.

❸ 일정을 색으로 분류할 수 있다

일정별로 색을 다르게 사용함으로써 어느 일정이 무엇에 관련된 것인지 한눈에 알 수 있습니다. 예를 들어 업무 일정은 파란색, 가족과의 일정은 초록색, 개인 시간은 분홍색 등으로 각각 색을 분류하면 자신의 생활 전반이 훨씬 선명하게 눈에 들어옵니다.

❹ 달력을 타인과 공유할 수 있다

다른 사람과 일정을 공유함으로써 구성원 전체가 서로의 일정을 파악하고 의사소통 오류를 줄일 수 있습니다. 예를 들어, 가족 달력을 공유하면 가족 전원이 일정 조정을 할 수 있어서 시간을 효과적으로 쓸 수 있습니다.

❺ 모바일 앱을 사용할 수 있다

스마트폰으로 언제든지 접속할 수 있습니다. 이동 중이나 대기 시간 등 자투리 시간에 일정을 확인하거나 추가할 수 있습니다.

❻ 장소를 등록할 수 있다

구글 달력의 경우, 누군가와 만날 장소를 등록해두면 지도상에서 위치를 확인할 수 있습니다. 그리고 약속 시간에 맞춰 목적지에 도착하려면 언제 출발해야 할지도 손쉽게 확인할 수 있습니다.

❼ 일정의 상세 내용을 활용할 수 있다

회의나 미팅 시, 그 내용을 메모해둘 수 있습니다. 또 관련 자료를 첨부할 수도 있으므로 필요한 정보를 찾는 수고를 덜게 됩니다. 저 역시 협의할 때 메모를 이곳에 남겨두니 '어? 그런 게 있었나요?' 하고 혼동하는 일이 크게 줄었습니다.

앞서 소개한 G 씨 이야기로 돌아가보겠습니다.

G 씨는 디지털 달력을 사용한 뒤로 직장과 가족, 친구와의 일정뿐만 아니라 개인 시간도 소중히 관리할 수 있게 되었다고 합니다. 그러자 이전보다 자기 시간을 유용하게 사용하고 있다는 자신감이 생겼습니다.

저는 이 이야기를 들으며 업무관리는 단순히 시간만 잘 관리하는 것이 아니라 개개인의 자기 긍정감을 높이는 역할도 하는 중요한 기술이라는 점을 깊이 깨달았습니다.

여러분도 한번 디지털 달력을 사용해보면 어떨까요?

잘 잊어버리는 사람의 구세주, 알림 기능

저는 예전부터 일정 관리가 서투르기도 하고 영 귀찮고 성가셨습니다.

우리의 머릿속은 업무, 가사, 육아, 취미 등 늘 무언가로 가득합니다. 그러다 보니 약속과 일정, 마감 등 잊어서는 안 되는 것을 깜빡하는 일이 종종 일어납니다.

하물며 이미 있는 일정에 다른 일정과 할 일이 더해지면 그것들을 빠짐없이 기억한다는 게 참으로 어려운 일이 아닐 수 없습니다. 외우고 있다가도 금세 잊고 맙니다.

그럴 때마다 '내 일정을 관리하고 그때그때 알려주는 비서가 있으면 좋겠다'는 꿈같은 생각을 했습니다.

마침내 그런 저의 바람을 이루어준 도구가 나타났는데 바로 디지털 달력의 알림 기능입니다. 당시 '드디어 나에게도 업무를 보조해주는 비서가 생겼다!' 하며 감동했던 기억이 납니다.

알림 기능은 마치 유능한 비서처럼 우리에게 일정과 중요한 날을 제때 알려줍니다.

알림 기능 사용법은 무척 간단합니다. 달력에 일정을 추가하고 언제 알려줄지 설정만 하면 됩니다.

예를 들어 일정 하루 전, 일주일 전, 한 달 전 등 알림을 원하는 때를 각각 설정할 수 있습니다. 해야 할 작업이 있을 경우에는 언제 시작해야 할지 알려줌으로써 행동을 촉구하는 효과가 있습니다.

별것 아닌 것 같지만 무척 큰 효과를 볼 수 있습니다. 알림 기능을 최대한 활용하는 방법에 관해 설명해보겠습니다.

❶ 일정은 구체적으로 쓴다

예를 들어, '치과'가 아니라 '○○치과에서 정기 검진'과 같이 구체적으로 입력해두면 글자를 보는 순간 훨씬 직관적으로 할 일이 떠오릅니다. 출발 시각을 염두에 두고 알림을 설정하는 것도 좋은 방법입니다.

❷ 자신하지 말고 알림을 설정한다

중요한 일정이므로 잊어버릴 리 없다고 섣불리 단정 짓지 말고 알림을 설정하는 게 좋습니다. 눈코 뜰 새 없이 바쁘게 지내다 보면 날짜나 시간을 잊을 수도 있기 때문입니다. 인간은 망각하는 존재입니다. 망각하리라는 것을 전제하면 도리어 일을 차질 없이 진행할 수 있습니다.

❸ 자신에게 맞는 알림을 고른다

이메일, 문자 등 가장 확인하기 쉬운 최적의 방법을 고릅니다. 처음에는 여러 가지 방법을 시도해보세요.

❹ 달력은 항상 최신 상태로 유지한다

일정이 바뀌면 즉시 달력도 업데이트해둡니다. 그러면 알림이 엉뚱한 시간에 울리는 난처한 일은 없을 것입니다.

반드시 프로세스를 가시화하자

'어디서부터 손을 대야 할지 모르겠다', '혹시 누락한 일이 있으면 어떡하지' 하는 생각 때문에 갑자기 불안에 빠진 적이 있지 않나요? 개별 과제들에 과도하게 집중하면 전체 상을 놓치고 이런 불안에 사로잡힐 수 있습니다.

중요한 것은 전체를 조감하며 개별 과제를 빈틈없이 수행하는 것입니다. 할 일을 한눈에 보이도록 가시화해 누락을 방지할 효과적인 방법을 소개합니다.

그렇다면 여기서 '가시화'란 무엇일까요? 가시화는 개별 과제들을 중복과 누락 없이 정리하는 것(MECE)과 할 일을 세밀하게 분해하고 구조화하는 것(WBS)입니다.

'MECE'는 Mutually(서로), Exclusive(중복 없이), Collectively(전체적으로), Exhaustive(누락 없이)의 머리글자를 딴 것입니다. 전체를 중복과 누락 없이 파악하는 것을 목표로 합니다.

그리고 'WBS'는 Work(작업을), Breakdown(분해해), Structure(구조화)의 머리글자를 딴 것으로 필요한 작업을 계층별로 세분화하고 알아보기 쉬운 형태로 표시하는 기법을 가리킵니다.

작업 가시화의 위력

구체적인 사례를 보며 설명하겠습니다. 제 클라이언트 H 씨는 어느 회사의 홍보 담당자로서 신상품 발표회를 기획한 적이 있습니다. H 씨는 모든 것을 혼자서 추진하다가 여러 문제를 일으키고 말았습니다.

우선 발표회의 목적이 모호하다 보니, 준비가 지연되고 상품 섭외도 늦어졌을 뿐만 아니라 직원 교육도 부족했습니다. 당일에는 두서없이 장황하기만 한 발표회가 되었다고 합니다.

이 일련의 실패 탓에 H 씨는 상사와 동료들에게 호된 책

MECE	빠지지 않고 겹치지 않게
M	Mutually(서로)
E	Exclusive(중복 없이)
C	Collectively(전체적으로)
E	Exhaustive(누락 없이)

WBS	최종 목표부터 분해해 알아보기 쉽게
W	Work(작업을)
B	Breakdown(분해해)
S	Structure(구조화)

망과 지적을 받아 의기소침해졌지만, 깊이 반성하는 계기로 삼았습니다.

저는 그런 H 씨에게 다음 발표회를 준비할 때 모든 작업을 가시화하고 누락을 방지하는 방법을 사용하도록 조언했습니다. 동료의 협조를 구하고 MECE와 WBS 원칙에 기반을 둔 계획을 다시 세우도록 했습니다.

먼저 다음 발표회의 목적을 사전에 명확히 설정했습니다. 목표는 두 가지, 신상품의 특징을 소개하는 것과 참석자들 간의 교류를 도모하는 것이었습니다.

이 두 가지 목적을 명확하게 한 후 각각에 필요한 작업을 목록으로 작성했습니다. 그렇게 함으로써 준비가 필요한 항목이 누가 보더라도 분명해져서 각 작업이 중복되지 않도록 관리할 수 있었습니다.

큰 작업도 몇 개의 작은 작업으로 세분화해서 할 일을 가시화했습니다. 예를 들어, '장소 섭외 및 설비 세팅'이라는 큰 작업은 '장소 선정 및 계약', '상품 준비', '직원 교육', '장소 설비 세팅' 등 세부 작업으로 나눌 수 있습니다. 이때 '장소 설비 세팅'을 '부스 설치', '조명 설치', '음향 설비 준비' 등으로 한층 더 세분화했습니다.

각각 작업의 목표가 무엇인지, 어떤 순서로 추진해야 하는지 명확하게 함으로써 H 씨와 동료들은 한층 순조롭게 작업을 수행할 수 있었습니다. 그 결과, 다음 발표회는 대성공을 거두었습니다. H 씨는 가시화의 위력을 실감했다고 말했습니다.

또, 이전에 제가 인도 팀과 함께 100명 가까이 참석하는 세미나를 계획했을 때의 일입니다. 현지 리더가 세미나 준비에 필요한 일을 목록으로 정리한 것을 본 적이 있는데, 목록에 있는 항목이 무려 수백 개에 이르러 깜짝 놀랐습니다. 남다른 철저함에 감탄했습니다.

이처럼 할 일을 가시화하고 간과나 누락을 막는 방법을 사용하면 전체 상이 명확해지고 각각의 작업을 빠짐없이 확실하게 달성할 수 있습니다. 그리고 큰 작업을 여러 개의 작은 작업으로 세분화해 계획하면 업무관리가 미숙한 사람도 일을 성공적으로 수행할 수 있습니다.

다음 업무에서는 꼭 작업 가시화를 활용해보세요.

카레를 만들 때의 WBC

목표(제일 먼저 정한다)

카레 만들기

작업 A
재료 구매

작업 B
조리

작업 C
상차림

소작업 a-1
당근

소작업 a-2
감자

소작업 a-3
…

소작업 c-1
밥 담기

소작업 c-2
카레 담기

소작업 b-1
채소 썰기

소작업 b-2
재료 볶기

소작업 b-3
…

소작업 b-1-1
당근

소작업 b-1-2
감자

소작업 b-1-3
…

나의 평가는 상대방에게 맡긴다

아시아의 다양한 지역을 담당했을 때 일입니다. 제가 생각한 '저의 강점'과 팀원들이 느낀 '저의 강점'이 전혀 다르다는 사실을 깨달은 순간이 있습니다. 그때까지 저는 '마케팅 역량'이 저의 강점이라고 생각했습니다. 그런데 어느 날, 자신의 강점을 발견하는 자기 평가 도구에 관해 이야기할 기회가 있었는데 장기간 저와 함께 일해온 팀원들이 이렇게 말했습니다.

"'다양한 사람과의 의사소통 능력'이야말로 당신의 강점이에요."

단순히 제가 영어로 소통할 수 있다는 의미는 아니었습니다. 이때 저는 대단히 충격을 받았습니다.

실제로 저는 약 10년간, 아시아 각국의 팀원들과 매주 일대일 미팅을 하거나 다양한 국가의 현지 파트너 및 영업 담당자와 협력하며 일해왔습니다. 이 경험을 통해 다른 나라는 문화와 배경도 다양하지만, 그 이상으로 개개인의 가치관과 기준이 대단히 다양하다는 사실을 절실히 느꼈습니다.

또 우리가 평소 생각하는 '평가'나 '성과'란 실은 타인이 정하는 것이란 사실도 깨달았습니다. 아무리 자신을 높이 평가해도 상대가 인정하거나 수긍하지 않으면 진정한 가치라 할 수 없습니다.

중요한 것은 '상대방에게 맡기는 자세'입니다. 이 마음가짐과 함께 '타인에게 멋대로 기대하지 않는 것'이 중요하다는 것도 배웠습니다. 우리는 무턱대고 기대했다 상대방이 그에 부응하지 않으면 제풀에 실망하고 안달하기도 합니다. 그러므로 애초부터 기대하지 않고 담담하게 사실을 받아들이려 했습니다. 그랬더니 이전보다 감정에 휘둘리는 일이 적어졌습니다.

"내 평가는 상대방에게 맡긴다", "괜한 기대를 하지 않는다".

이 두 가지 자세를 명심하면 업무와 개인 생활의 모든 상황에서 인간관계가 훨씬 원만해질 것입니다.

결국, 우리는 무엇이든 타인과의 관계 없이는 할 수 없습니다. 업무관리 방법과는 조금 다른 이야기일지도 모르지만, 이러한 태도는 타인과 원만하게 교류하고 협업을 진행하는 데 꼭 추천할 만한 자세입니다.

9

티끌 모아 태산 되는
자투리 시간
활용법

시간 감각을 바꾸면
불가능했던 일이 가능해진다

저는 한때 해외 리더들과 함께 일했으므로 시시때때로 그들에게 보고하고 지시를 요청해야 했습니다. 그러나 리더들은 항상 바쁘고 일정이 꽉 차 있으므로 질문이나 확인하고 싶은 사항이 있어도 정례회의 시간 외에는 여간해서 회의를 개설할 수가 없었습니다.

급한 건이라며 요청하면 리더들은 "2~3분이라면 이야기할 시간이 있다"라며 시간을 내주기도 했습니다. 처음에는 '그렇게 짧은 시간에 무슨 이야기를 할 수 있을까?' 하는 생각에 실망했지만, 그 시간이 대화할 유일한 기회라고 여기고 최대한 활용해보기로 결심했습니다.

그래서 다음과 같이 구체적인 대책을 세웠습니다.

제가 묻고 싶은 질문이 3개라면 질문당 1분씩 배정했습니다. 즉, 질문 1개당 60초의 시간을 쓰는 것입니다.

그 60초를 다시 나눠 전반 30초는 상황을 전달하고 질문을 던진 후 남은 30초 동안 상대방의 의견과 조언을 듣는 형태로 구성했습니다.

물론 이 방법은 미리 무엇을 말할지 생각해두어야 하는 등 사전 준비가 필요합니다. 실제로 이 방법을 시도해보았을 때 생각보다 원활하게 대화가 이루어졌습니다.

결과적으로 2~3분이라는 지극히 제한된 시간이었지만 필요한 사항을 대부분 확인할 수 있어서 제 고민과 스트레스가 훨씬 감소했습니다.

이 경험으로 저는 컵라면에 끓는 물을 넣고 기다리는 만큼의 시간에도 생각보다 많은 일을 할 수 있다는 새로운 시간 감각을 얻었습니다.

본래 당신에게는 실행력이 있다 ✎

이 이야기를 하면 "이다 씨니까 가능한 거겠죠(저는 못합니다)"라는 말을 자주 듣는데 절대 그렇지 않습니다. 우리는 이미 평소에 한정된 시간을 사용해 실제로 많은 것을 하고 있습니다.

예를 들어, 2~3분이면 부재중 전화에 메시지를 남기고 지하철이나 버스를 기다리는 동안 SNS에서 밀린 메시지를 확인하고 답신을 보내는 등의 일을 합니다.

우리는 이런 일들을 무의식적으로 하고 있습니다. 자신이 자투리 시간에 많은 일을 해내고 있다는 당연한 사실을 자각하시기 바랍니다.

방금 소개한 시간 사용법은 '시간'이 아니라 '분'이나 '초' 단위로 생각한다는 단순한 방법이지만, 익숙해지면 '티끌 모아 태산'이라는 속담처럼 놀랄 만큼 많은 일을 할 수 있습니다. 별것 아닌 것 같지만, 강력히 추천하는 방법입니다.

하루를 '24시간'에서 '86400초'로

산더미처럼 쌓인 일을 보며 '아, 시간이 너무 부족해' 하고 느낄 때가 누구에게나 있을 것입니다. 우리는 늘 시간과 싸움을 벌이고 있습니다.

시간을 효율적으로 사용하기가 쉽지는 않지만, 시간을 어떻게 인식하느냐에 따라 시간 감각이 바뀔뿐더러 같은 시간에 많은 일을 할 수 있습니다.

여기서 새로운 '시간 관리법'을 소개해보려 합니다.

바로 일정을 짜거나 계획을 할 때 '시간'이 아니라 '분', '초' 단위로 생각하는 것입니다.

이렇게 관점을 바꾸면 분주한 매일의 삶을 지금보다 좀 더 효과적이고 알차게 살아갈 수 있습니다.

하루를 '시간'이 아니라 '분', '초' 단위로 보면 어떻게 될까요? 하루는 1440분, 86400초입니다!

이렇게 생각해보니 갑자기 '시간이 의외로 많다'는 느낌이 들지 않습니까? 하루라는 시간에 얼마나 큰 가능성이 잠재되어 있는지 새삼스럽게 인식할 수 있을 것입니다. 여기에 새로운 기회가 있습니다.

'시간이 의외로 많다!'라는 깨달음

'O시간'이 아니라 그 시간을 나누어 분이나 초 단위로 생각하면 다음과 같은 이점을 얻을 수 있습니다.

❶ 효과적으로 시간 관리를 할 수 있다

예를 들어, 2시간쯤 걸리는 큰일에 120번의 작은 기회가 있다고 생각해보세요. 이렇게 생각하면 2시간이라는 길이와 중요한 업무라는 부담감에 압도당하는 듯한 느낌에서 벗어나 좀 더 쉽게 일에 착수할 수 있습니다.

예를 들어, '발표 준비 2시간'이라고 생각하지 않고 '조사 15분', '슬라이드 작성 30분', '연습 15분'으로 작업을 나누고 각각의 작업에 정해진 시간을 사용하기로 마음먹으면 막연해 보였던 큰일도 조금씩 달성할 수 있는 일로 여겨집니다. 게다가 60분의 여분 시간도 확보할 수 있습니다.

❷ 시간 가성비가 올라가고 미루는 버릇이 줄어든다
시간 가성비는 사용한 시간에 대비해 얻은 효과를 의미합니다.

큰일을 분 단위로 나누면 일의 진행이 확실히 느껴지므로 미루는 습관이 줄어듭니다. 예를 들어, 글을 쓰는 일은 '아이디어 찾기', '초안 작성', '편집', '완성'으로 나누고 세부 작업별 시간을 설정할 수 있습니다.

이렇게 하면 세분화한 작업과 시간 단위로 일이 진행되므로 착실히 한 단계씩 밟아갈 수 있습니다. 무엇을 해야 할지 알 수 없어 불안해하며 '어떻게 하지…'를 연발하고 발만 동동 구르는 상황을 피할 수 있는 것입니다. 또 큰일에 지레 압도당하거나 막막한 감정에 휩싸이지 않습니다.

❸ 시간에 대한 의식이 높아지고 시간 감각이 예민해진다
이것은 대단히 중요한 변화입니다. 분, 초 단위로 시간을 인식함으로써 주어진 시간에 자신이 무엇을 할 수 있는지

보다 자세히 알 수 있습니다.

예를 들어, 집중해서 무언가를 할 수 있는 시간이 30분 있다면, 고작 30분 같아 보여도 그 안에 엄청나게 많은 일을 할 수 있습니다.

그러면 어떻게 이런 사고법을 일상생활 속에 도입할 수 있을까요?

실천하기 쉬운 방법은 우선 '15분 단위'로 하루 계획을 세워보는 것입니다. 그것만으로도 분 단위 감각이 생겨나고 더 나아가 자투리 시간을 활용하고 적절하게 휴식을 취하는 방법을 익힐 수 있습니다.

여기서 더 깊이 발전시키고 싶다면 '내가 현재 15분 단위로 무엇을 하고 있을까?'를 기록하는 일에 도전해보세요. 전부 기억하기는 어려울 수 있지만, 대략적으로라도 기록해봄으로써 자신이 시간을 어떻게 사용하고 있는지를 한눈에 알 수 있습니다. 자신의 시간 사용 현황을 분 단위로 이해한다면 앞으로는 시간 사용법이 크게 달라질 것입니다.

자투리 시간을
낭비하지 않는 팁

여러분이 하루를 어떻게 보내고 있는지 생각해보세요. 틀림없이 일정들 사이에 조금씩 비는 시간이 있다는 것을 알게 될 것입니다. 버스나 지하철에서의 이동 시간, 누군가를 기다리는 시간, 업무 중간중간에 비는 시간 등입니다.

이 '자투리 시간'은 마음먹기에 따라서 여러분이 자유롭게 사용할 수 있는 특별한 시간으로 변할 수 있습니다.

저는 업무 및 시간 관리 연수에서 자주 이런 연습을 합니다. 3분이나 10분 등 한정된 자투리 시간이 있다면 그 시간을 사용해 무엇을 할지 평소에 생각해두는 것입니다.

사전에 할 일을 정해두면, 자투리 시간이 생겼을 때 무엇을 할지 고민하지 않고 곧바로 정해둔 일을 할 수 있습니다. 틈새 시간에 스마트폰을 볼 수도 있겠지만, 더욱 유의미한 일에 시간을 쓸 수도 있습니다.

자투리 시간을 활용하는 방법을 좀 더 자세하게 살펴보겠습니다.

자투리 시간 사용법 ✏️

자투리 시간은 우리의 일상생활 속에서 빈번하게 생깁니다. 저는 크게 대기 시간, 이동 시간, 휴식 시간의 세 가지 유형으로 분류합니다.

'대기 시간'은 미팅 전 시간이나 다음 일정이 시작되기 전까지의 시간을 가리킵니다.

'이동 시간'은 출퇴근 시간이나 한 장소에서 다른 장소로 이동하는 시간을 가리킵니다.

'휴식 시간'은 휴가나 업무, 집안일 사이에 잠시 쉬는 시간을 가리킵니다.

이 자투리 시간을 효과적으로 사용하려면 그 시간에 무엇을 할지 미리 생각하고 정해두는 것이 좋습니다.

예를 들어, 저는 대기 시간은 메일이나 채팅을 확인하거

자투리 시간을 더욱 유용하게 사용하자

1분의 자투리 시간

- 메일 제목 확인
- 오늘 일정 확인
- 책상 정리 정돈
- 필요 서류 인쇄
- 다음 미팅 준비

3분의 자투리 시간

- 짧은 메일 회신
- 오늘 업무 목록 작성 및 업데이트
- 하루 목표 세우기
- 주위 사람과 대화
- 팀원에게 업무 진행 상황 확인

5분의 자투리 시간

- 중요 메일 꼼꼼히 읽기
- 다음 미팅 자료 작성
- 발표 자료 작성
- 업계 뉴스 확인
- 보고서나 메모 작성

나 무언가를 검색하고, 책상이나 서류 혹은 할 일을 정리하는 데 사용합니다.

이동 시간은 무언가 새로운 것을 배우거나 생각을 정리하고 다음 일정을 계획하는 데 적합합니다.

휴식 시간은 심호흡을 하며 재충전을 하고 산책을 하거나 스트레칭을 함으로써 기분을 전환하고 에너지를 충전하는 데 사용합니다.

물론 이것은 저의 경우입니다. 어디까지나 하나의 예시일 뿐이고 저 역시 그날그날의 기분이나 컨디션, 필요에 따라 자투리 시간의 사용법이 바뀝니다.

예를 들어, 중요한 회의를 앞두고 있다면 이동 시간을 사용해 회의에서 말할 내용을 확인하거나 피곤할 때는 잠시 눈을 붙이는 것도 효과적입니다.

여러분도 자투리 시간을 자신에게 맞게 마음껏 응용해보세요. 모든 일이 그렇듯이, '꼭 이렇게 해야 한다'라는 생각은 버리고 그때그때 자신의 필요에 맞게 유연하게 대응하는 것이 바람직합니다.

타임 블로킹
사고법

누구나 작업에 열중하다 보면 '앗? 벌써 시간이 이렇게 지났네?' 하고 놀랐던 경험이 있을 것입니다.

프롤로그에서 말씀드린 것처럼 저도 '정규 업무 시간 내에 성과를 내야 한다'고 생각하기 전까지는 각각의 작업에 어느 정도 시간을 쓰는지, 그다지 깊게 생각해본 적이 없습니다. 눈앞의 일에 매달려 무작정 열심히 하려는 생각만 앞서 그저 시간만 흘려보냈던 것 같습니다.

그러나 글로벌 기업의 해외 리더들과 함께 일하게 되면서 그들이 당연하다는 듯 '업무 시간 블록'(타임 블로킹, Time Blocking)을 설정한다는 사실을 알게 되었습니다.

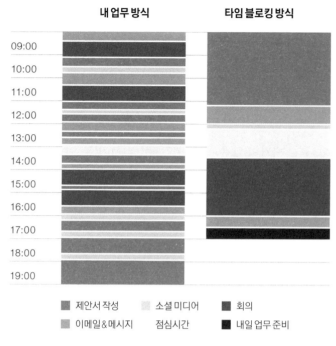

내 업무 방식	타임 블로킹 방식

09:00
10:00
11:00
12:00
13:00
14:00
15:00
16:00
17:00
18:00
19:00

■ 제안서 작성　■ 소셜 미디어　■ 회의
■ 이메일&메시지　점심시간　■ 내일 업무 준비

출처: https://todoist.com/ko/productivity-methods/time-blocking

매일의 업무를
실행 가능한 일정으로 바꾼다

'업무 시간 블록'이란 어느 시간에 무엇을 할지 명확하게 설정하는 기법입니다. 하루 동안의 시간을 블록으로 구분하고 각각 할 일을 설정하는 것이 업무 시간 블록의 기본 개념입니다. 이 방법을 사용하면 효과적으로 업무를 추진할 수 있습니다.

그러면 어떤 면에서 업무 시간 블록이 도움이 될까요?

업무는 단순히 '하는 것'뿐만 아니라 '언제 하는지'도 중요합니다. 예기치 않은 문제나 갑작스러운 일로 인해 계획한 업무 일정에 차질이 빚어질 때가 자주 있습니다. 그럴 때 업무 시간 블록을 사용함으로써 문제에 효과적으로 대처할 수 있습니다.

업무 시간 블록 만드는 방법 🖊

업무 시간 블록을 만드는 법은 다음과 같습니다.

❶ 오늘 할 일을 명확히 한다

그날 할 일 중에서 가장 중요한 일이 무엇인지 가려냅니다.

❷ 집중할 수 있는 시간대를 확인한다

자신이 하루 중에서 해당 일에 가장 잘 집중할 수 있는 시간을 파악합니다.

❸ 스케줄에 '시간 블록'을 넣는다

'10~11시는 기획서 작성 시간'이라고 구체적인 시간을 설정합니다.

❹ 비슷한 작업은 모아서 한꺼번에 처리한다

데이터 입력이나 자료 작성 등 비슷한 작업을 모아서 한번에 수행합니다.

❺ 계획을 주위 사람에게 전달한다

4장의 '집중근무시간'에서 소개한 것처럼 업무에 집중할 수 있도록(방해받지 않도록) 주위 동료들에게 협조를 요청합니다.

❻ 집중할 수 있는 환경을 정비한다

쓸데없는 알림은 꺼두는 등 자신에게 맞는 최적의 환경을 만듭니다.

❼ 변경과 중단에 유연하게 대응한다

계획대로 진행되지 않고 늘 변하는 상황을 고려해 여유 시간 블록을 반드시 설정하고 유연하게 대응합니다.

이 '업무 시간 블록'을 도입함으로써 매일의 작업이 편해지고 '무엇을 언제 하면 좋을지'가 명확해집니다. 우선 작은 작업부터 시도해보세요.

일의 80%를 줄이는 습관 9

단 1분 만에 집중력 회복!
자신 있게 추천하는 재충전 방법

여유 시간이 생길 때를 대비해 무엇을 할지 미리 정해두는 것이 좋다고 말씀드렸으니, 실제로 제가 자투리 시간에 하고 있는 추천할 만한 휴식법을 소개합니다. 단 1분 만에 재충전을 하고 집중력을 회복할 수 있는 방법입니다.

바로 그저 눈을 감고 심호흡하는 것입니다. 정말 그뿐입니다!

제 경험을 말씀드리면 그날의 업무 내용이나 상황에 따라 다르지만, 1분 정도 눈을 감고 있는 것만으로도 충분히 뇌를 재충전할 수 있습니다.

만약 눈이 빙빙 돌 정도로 바빠서 뇌가 폭발할 것 같거나 집중력이 떨어져서 작업의 품질이 떨어진다면 속는 셈 치고 한번 시도해보세요. 이렇게 하는 것만으로도 만족스러운 휴식을 취할 수 있습니다.

10

시간 단축 & 효율 향상! ¶
인터넷 활용 기술 ¶

템플릿과 포맷을
가능한 한 많이 이용하라

여러분은 메일이나 채팅에 어떻게 회신해야 할지 고민하다가 그만 응답이 늦어진 적이 없나요? 또 몇 번이나 같은 내용을 쓰는 것이 귀찮다고 느낀 적은요?

업무관리를 어렵게 느끼는 분일수록 "그렇습니다!" 하고 기다렸다는 듯이 대답할 것입니다.

하지만 괜찮습니다. 그런 고민을 해결해주는 게 바로 '포맷'과 '템플릿'입니다.

포맷은 글을 정리해 쉽게 읽을 수 있도록 정해둔 것으로 제목, 항목별 정렬, 글자 크기나 색 등을 의미합니다.

한편, 템플릿은 메시지를 작성할 때 사용하는 미리 지정해둔 문장이나 레이아웃을 이르는 말로 자주 사용하는 표현이나 구성을 양식화해 저장해두는 것입니다.

템플릿을 활용하면 인사나 자기소개, 맺음말 등 목적이나 상대방에 상관없이 정해진 표현을 신속하게 작성할 수 있습니다.

우리는 평소 메일이나 메신저 등으로 연락하는 데 많은 시간을 사용합니다. 그러므로 이 도구들을 활용해 효율적이고 신속하게 소통함으로써 시간을 절약하고 생활의 질을 높일 수 있습니다.

또 포맷과 템플릿을 자유자재로 사용함으로써 자기 시간을 늘릴 수 있습니다. 게다가 상대방이나 목적에 따라 자신의 의사를 더욱 이해하기 쉽게 전달할 수 있습니다.

템플릿과 포맷으로
일상 업무를 최적화한 세 가지 사례

포맷과 템플릿을 활용함으로써 어떻게 일상의 스트레스를 줄이고 더욱 원활한 의사소통을 실현했는지 구체적으로 제 클라이언트의 사례를 통해 소개하겠습니다.

CASE1 고객의 문의에 늦게 회신해 신뢰를 잃은 I 씨

영업부 직원 I 씨는 고객의 문의 메일에 늦게 회신을 했다가 신뢰를 잃은 경험이 있습니다.

어느 날의 일입니다. 고객에게 상품에 관한 문의 메일을 받았는데, I 씨는 어떻게 응답하면 좋을지 고민하다 곧바로 회신하지 못했습니다. 그런 채로 시간이 흘렀고 그러다 그만 문의를 받았다는 사실을 깜빡 잊고 말았습니다. 그 결과 고

객에게 재촉 전화를 받는 사태에 이르렀습니다.

이 실수가 I 씨를 변화시켰습니다. I 씨는 자주 묻는 질문별로 메일의 템플릿을 작성하고 곧바로 회신할 수 있는 아이디어를 발휘했습니다. 이렇게 함으로써 고객에게 문의 메일이 왔을 때 템플릿에서 필요한 내용을 골라 조금 수정하는 것만으로 곧바로 회신을 할 수 있는 FAQ를 만들었습니다. 이를 통해 회신 시간이 대폭 단축되고 고객의 신뢰를 회복할 수 있었습니다.

CASE 2 상사의 야근 의뢰를 거절하기가 어려웠던 J 씨

신입사원 J 씨는 상사의 야근 의뢰를 거절하지 못해 난처했습니다. 어느 월요일, 상사가 J 씨에게 목요일에 야근할 수 있냐고 물었습니다. 그러나 J 씨는 이미 그날 일정이 있었습니다. 거절하자고 생각하면서도 확실하게 거절하지 못하고 모호한 답변을 하고 말았습니다. 그리고 당일 아침에야 상사에게 야근할 수 없다는 의사를 전해 "그럼 물어봤을 때 말해야지" 하고 핀잔을 들었습니다.

이를 계기로 J 씨는 야근 의뢰를 거절하는 문구를 생각해 메일의 초안으로 저장해두었습니다. 그날 이후 거절하고 싶을 때는 그 초안을 이용해 어려움 없이 거절을 할 수 있

었습니다. 거절하는 이유를 곁들이니 상사도 쉽게 수긍했습니다.

그 결과, J 씨는 직장과 개인 생활의 균형을 유지하고 '스스로 내 시간을 통제할 수 있다'는 자신감을 가지게 되었습니다.

CASE3 깜빡하는 바람에 친구와의 일정이 취소된 K 씨

친화력이 뛰어나고 친구들과 노는 것을 좋아하는 K 씨는 친한 친구와 술을 마시러 가기로 약속했습니다. 그러나 너무 바쁜 탓에 약속한 날이 코앞으로 다가올 때까지 구체적인 모임 장소와 시간을 전달하는 것을 그만 잊어버렸습니다. 결국, 친구는 K 씨가 올지 어떨지 몰라 다른 일정을 잡았고 K 씨는 친구와 술을 마시러 갈 수 없었습니다.

K 씨는 그때까지 메신저로 세부 내용을 전하겠다고 생각하면서도 실제로는 시일이 남았다는 이유로 나중으로 미루었다가 결과적으로 잊어버리는 실수를 수차례 반복해왔습니다.

그래서 K 씨는 일정을 세운 후, 즉시 세부 내용을 확정하고 전달하기 위한 템플릿을 작성하기로 했습니다. K 씨는 일정을 세울 때 사용할 템플릿을 만들었고, 그 템플릿을 사

용해 일정의 세부 내용을 차질 없이 전달할 수 있게 되었습니다.

이렇게 함으로써 친구에게 연락하는 일이 편해졌을 뿐만 아니라 약속을 잡는 것 자체가 더욱 즐거워졌습니다. 또 일정을 잊어버리는 데서 오는 스트레스에서 해방되었습니다. 템플릿의 힘을 빌려 의사소통 능력이 향상되고 더욱 원만한 인간관계를 구축할 수 있었던 것입니다.

포맷과 템플릿 활용은 매일의 업무와 생활을 편하게 만들어주는 수단입니다. 이는 개성을 제한하는 것이 아니라 오히려 여러분의 독자성과 강점을 북돋워줍니다.

아무것도 없는 상태에서 무언가를 처음부터 시작하려면 마음이 무겁습니다. 하지만 괜찮습니다. 지금까지 해온 작업을 복사하고 붙여 넣은 상태에서 시작해보면 어떨까요?

일단 해보세요. 그러다 보면 어느새 자신만의 템플릿을 만들 수 있게 될 것입니다.

부담 없이 빠른 답변이 가능한 '자주 쓰는 문구 등록'과 '음성 입력'

항상 빠르게 응답하는 사람을 보면 여러분은 어떤 생각이 드나요? '이 사람, 대단하다!' 하고 감탄하게 되며 왠지 특별하고 유능한 사람으로 여겨지지 않나요? 시간은 한정되어 있고 요즘은 빠른 응답이 대단히 중요한 시대니까요.

그렇지만, 일일이 메시지를 입력하는 데 시간을 쓰는 것은 조금 아깝습니다. 그러므로 '자주 쓰는 문구 등록'과 '음성 입력'을 사용해보세요. 처음에는 번거롭게 느껴질지 모르지만, 우선 한번 해보면 곧 이것 없이는 견딜 수 없을 만큼 편리하다는 사실에 깜짝 놀랄 것입니다.

손쉽게 답변을 빨리 할 수 있게 해주는 '자주 쓰는 문구 등록'과 '음성 입력' 이용법을 소개합니다.

❶ 자주 쓰는 문구 등록: 자주 쓰는 말을 단축어로 미리 등록한다

'자주 쓰는 문구 등록'은 스마트폰이나 컴퓨터에 자주 사용하는 어구나 문장을 등록하는 기능입니다. 이 기능을 사용하면 텍스트 입력이 한층 편해지고 속도도 빨라집니다.

예를 들면, '아'라고 입력하면 '안녕하세요', '자'라고 입력하면 '잘 부탁드립니다', '가'라고 치면 '감사합니다' 등으로 표시되도록 설정할 수 있습니다. 직장에서 자주 사용하는 전문용어나, 친구들에게만 사용하는 말 등, 무엇이든 등록할 수 있습니다. '대박'이라고 입력하면 '완전 대박, 엄청나ᕙ◍•‿•◍ᕗ)'처럼 이모티콘까지 나오도록 설정할 수 있습니다.

개인적으로는 빈번하게 사용하지만 입력하기 번거로운 메일 주소, 집 주소, 전화번호, 영어 단어 등도 자주 쓰는 문구로 등록해둡니다. 또, 복잡한 어구나 기억하기 어려운 표현, 인상적인 문구, 계절 인사나 감사와 사과의 말 등 전형적인 문구도 등록해둡니다.

예 [회신불필요] → '아무 문제가 없다면 회신하지 않으셔도 됩니다. 감사합니다.'

[그날은] → '그날은 공교롭게도 상황이 허락하지 않습

니다.'

이런 식으로 설정해두면 오탈자도 줄일 수 있습니다.

친구와의 메시지 교환이나 블로그 작성, SNS 글 올리기 등에도 '자주 쓰는 문구 등록'은 대단히 유용합니다.

기기에 따라 '자주 쓰는 문구 등록' 방법은 다르지만, 대부분 입력 설정 내에서 할 수 있습니다. 이 기능을 적극적으로 활용해 내용 입력 속도를 높여보세요.

❷ 음성 입력: 말만 하면 간단히 문자로 변환된다

저는 최근 5~6년간, 컴퓨터와 스마트폰에 음성으로 입력하는 일이 늘었습니다. 업무 중에는 물론이고 산책 중에도 사용합니다. 음성 인식 기술의 눈부신 발달로 사람이 말만 하면 컴퓨터가 그 말을 곧바로 글자로 변환할 수 있게 되었기 때문입니다. 저는 키보드 입력 속도가 비교적 빠른 편이지만, 말로 입력하는 것이 훨씬 더 빠릅니다.

저는 무언가 기획하거나 아이디어를 생각할 때, 또 글과 메일을 쓸 때 등 일단 깊이 생각하지 않고 떠오르는 대로 음성으로 입력해 기록으로 남겨두는 식으로 자주 사용합니다. 최근에는 AI 채팅 대화에 음성 입력을 사용합니다.

'완벽한 입력'이 아니라
'일단 메모해둔다'

저는 그때그때 떠오르는 아이디어를 곧바로 스마트폰에 음성 입력해 메모해둡니다. 이렇게 하면 나중에 이것저것 생각할 시간이 절약된다는 것을 절실히 느낍니다.

번뜩 떠오른 아이디어는 그 자리에서 즉시 메모해두지 않으면 금세 잊어버려서 기억의 저편으로 흘러가므로 이 방법은 정말 유용합니다.

효과적인 사용법은 완벽하게 입력하려고 하기보다 일단 신속하게 입력해 어떻게든 기록으로 남겨두는 것입니다. 그러므로 무언가 생각이 떠오르면 곧바로 음성으로 입력하는 메모의 용도로 사용하기를 추천합니다.

앞으로 AI의 활용은 당연해지고 광범위해질 것입니다. 이런 미래를 생각할 때 특히 음성 입력은 지금부터 자유자재로 사용할 수 있도록 익혀두는 게 좋습니다.

매일 할 일을
스마트하게 하자

요즘은 인터넷에서 신속하게 정보를 수집하는 능력, 즉 구글링 능력이 매우 중요합니다. 검색하면 원하는 정보 대부분을 곧바로 얻을 수 있습니다. 한편으로 검색도 해보지 않고 타인에게 질문하면 상대방은 '그 정도는 조금만 검색하면 금방 알 수 있는데…(먼저 스스로 알아보고 나서 물어봐야지)'라고 생각할 수도 있습니다. 그래서 '정보 검색' 팁을 익혀두면 자신이 원하는 정보를 효율적으로 얻을 수 있습니다.

예를 들어, 이미지나 동영상 검색, 혹은 'filetype:pdf'라고 입력하면 PDF 파일만 검색할 수 있습니다. 큰따옴표("")안에 단어를 넣어 검색하면 그 단어가 그 형태 그대로 들어간 페이지만이 표시됩니다. 또 마이너스(-)를 사용해 검색 결과에서 특정 단어를 제외할 수도 있습니다. 'site:웹사이트 URL 검색어'를 입력하면 특정 웹사이트 내에서 검색할 수도 있습니다. 예를 들어, 'site:wikipedia.org 여행'으로 검색하면 여행에 관한 위키피디아의 페이지들이 표시됩니다.

게다가 기술 진보에 따라 ChatGTP 같은 생성형 AI를 사용하면 사람과 대화하듯이 정보를 얻을 수도 있습니다.

AI는 업무와 개인 생활 양쪽에서 활용할 수 있습니다. AI의 활용 방법을 간단히 소개합니다.

❶ AI를 사용한 업무 추진의 기본

- 목표와 세부 작업 관리: 큰 목표를 몇 개의 작은 작업으로 나누고 각각의 작업에 대해 기한을 설정합니다.
- 세부 작업 우선순위 결정: 작업의 중요도와 긴급도를 기반으로 순서를 정합니다.
- 데이터 검색과 정보 수집: 작업에 필요한 정보와 데이터를 효율적으로 수집합니다.

❷ AI를 응용한 사용법 (기본적인 사용법에 익숙해진 후)

- 문서 작성: 세부 작업이 끝나면 그 과정과 결과를 정리

해 문서를 만듭니다.

- 텍스트 생성과 요약: 메일과 블로그 글을 AI가 작성하고 긴 글을 요약해줍니다.
- 복잡한 질문에 대한 응답: 일을 추진하는 도중에 의문점이 생기면 AI에게 질문하고 응답을 얻습니다.
- 아이디어 브레인스토밍: 새로운 아이디어가 필요할 때 AI가 많은 아이디어를 제공해줍니다.
- 제안서 초안 작성: 제안서나 보고서 등 문서를 작성할 때 AI가 보조해줍니다.

스마트폰이 우리 생활을 크게 바꾼 것처럼 AI 기술은 지금까지의 업무 방식을 크게 바꿀 것입니다. 생각하고 검색하고 문서를 작성하고 문제를 해결하는 일에서 여러분의 능력이 부쩍 향상될 것입니다. 당연히 잘 사용하면 할수록 업무 시간도 대폭 줄일 수 있습니다.

일의 80%를 줄이는 습관 10

템플릿의 힘

여러분이 매일의 생활과 일에 쫓길 때 '템플릿'의 존재는 놀라울 정도로 큰 도움이 됩니다. 저는 동남아시아에서 그 위력을 경험했습니다.

동남아시아 지역의 마케팅을 담당했을 때의 일입니다. 그 당시 태국, 말레이시아, 인도네시아에 있는 다양한 협력 기업과 공동으로 제품을 홍보하는 업무를 맡았습니다. 함께 전시회에 출전하는 일도 담당했습니다. 각각의 파트너와의 의사소통이 중요한데 그 방법과 수단, 규칙이 제각각 다르므로 각 안건에 대한 대응이 난제였습니다.

그때 '템플릿'이 저의 업무 방식을 크게 바꿨습니다. 일관된 포맷으로 정보를 제공한다는 지극히 단순한 수단이었지만, 그 효과는 절대적이었습니다. 이전에는 대단히 손이 많이 가는 일들이었기 때문입니다.

예를 들어, 공동으로 출전하는 전시회나 활동의 목적, 일정, 담당자, 예산 등 필요한 정보를 서로 확인해야 했습니다. 그뿐만 아니라, 상세한 계획과 준비 사항에 관해서도 서로 협의해야 했으므로 협력 기업에 수차례 질문을 하거나 설명을 하기도 하고 그 반대의 경우도 많았습니다. 빠짐없이 정보를 공유하는 것이 녹록지 않은 상황이었습니다.

그러나, 템플릿을 사용함으로써 각국의 파트너와의 의사소통이 단번에 원활해졌습니다. 템플릿에 따라 정보를 교환함으로써 불필요한 노력을 줄일 수 있었습니다.

이렇게 파트너와의 정보를 주고받으며 '형식의 통일'이라는 언뜻 보면 단순한 업무 기준 마련이 혼란과 오해를 방지하는 데 얼마나 중요한 역할을 하는지 알 수 있었습니다. 저뿐만 아니라, 동료 및 협력 기업들도 의사소통이 편해졌다는 점에 만족했습니다.

서로 의사소통하는 과정에서 공통의 인식을 가지는 것이 어렵다고 느껴지면 꼭 템플릿을 사용해보세요. 아무리 복잡한 일이라도 정해진 포맷을 활용함으로써 더욱 간편하게 필요한 내용을 주고받을 수 있습니다. 그렇게 함으로써 시간과 노력을 정말로 집중해야 하는 다른 중요한 영역에 투입할 수 있습니다.

업무관리란 '한정된 시간을 소중히 사용하는 것'

업무든 각 개인의 일상이든 '해야 하는데…'라는 의무감을 느끼는 일은 무수히 존재합니다.

"우선 차부터 한잔 마시고 차분한 마음으로 일을 시작하자."

"책상 위를 정리하고 나서 일을 시작하자."

"업무 시작 전에 일단 메일을 확인하자."

매일의 삶 속에서 자신에게 사기를 북돋우기 위해 우리는 이런 일을 합니다.

이런 행위들은 사실 업무관리의 일환입니다.

우리는 일상 속에서 '○○을 하고 나서 시작해야지'라는 생각에서 비롯된 준비나 소소한 행동들을 빈번히 합니다.

하지만 이 심리를 깊이 파고 들어가보면 은연중에 '○○을 하지 않으면 정작 해야 하는 일을 할 수 없다'는 상태를 만들려고 하는 것인지도 모릅니다.

특히, 성실한 사람, 빈틈없는 타입인 사람들이 업무관리의 첫 단추(○○을 하고 나서)를 과도하게 중요시하는 경향이 있습니다.

결과적으로 업무 준비에 생각보다 시간을 많이 들이다 보니 "기한을 못 맞추겠어!" 하며 막판에 조바심내는 경우가 생깁니다.

이상적인 자신의 모습을 과감하게 그리자

자신이 업무관리를 잘하지 못한다고 느끼는 분이 많을 것입니다. 그 기분은 충분히 이해합니다. 그러나 여기서 한 가지 새로운 관점을 가져보면 어떨까요?

그렇습니다. 이 책에서 소개한 '할 일을 80% 줄이는 것'입니다. 이 사고방식으로 전환함으로써 여러분의 업무관리 능력은 비약적으로 향상될 것입니다.

힌두교에 다음과 같은 말이 있다고 합니다.

- 마음을 바꾸면 태도가 바뀐다.
- 태도가 바뀌면 행동이 바뀐다.

- 행동이 바뀌면 습관이 바뀐다.
- 습관이 바뀌면 인격이 바뀐다.
- 인격이 바뀌면 운명이 바뀐다.
- 운명이 바뀌면 인생이 바뀐다.

마음속에서 일어난 작은 변화가 최종적으로 인생 전체에 영향을 준다는 가르침입니다.

우리가 진정 추구해야 할 것은 단순히 뛰어난 업무 능력이 아니라 '자신의 현명한 선택'입니다. 무엇을 우선시하고 무엇을 버릴지에 대한 선택입니다.

지금까지 할 일을 줄이는 방법과 업무관리의 요령을 소개했습니다. 여러분은 이미 자기다운 뛰어난 업무관리자의 길에 발을 내디뎠습니다. 지금 당장 하지 않아도 되는 일을 과감하게 버림으로써 자유 시간을 누려보는 것은 어떨까요?

괜찮습니다. 여러분이라면 분명히 할 수 있습니다.

이다 요시히로

옮긴이 **최현영**

영어 및 일어 전문 번역가. 연세대학교와 연세대학교 국제학대학원 졸업 후 일본 문부과학성 장학생으로 일본 릿쿄대학 사회학연구과 연구 과정을 수료했다. 금융권 대기업 경영기획팀 근무를 거쳐 외서를 기획하고 번역하고 있다. 주요 역서로는 《테스카틀리포카》, 《생명의 정거장》, 《오늘은 두부 내일은 당근 수프》, 《거꾸로 읽는 그리스 로마사》 등이 있다.

일의 80%를 줄이는 방법

첫판 1쇄 펴낸날 2024년 9월 19일
2쇄 펴낸날 2024년 10월 31일

지은이 이다 요시히로
옮긴이 최현영
발행인 조한나
책임편집 곽세라
편집기획 김교석 유승연 문해림 김유진 전하연 박혜인 조정현
디자인 한승연 성윤정
마케팅 문창운 백윤진 박희원
회계 양여진 김주연

펴낸곳 (주)도서출판 푸른숲
출판등록 2003년 12월 17일 제2003-000032호
주소 서울특별시 마포구 토정로 35-1 2층, 우편번호 04083
전화 02)6392-7871, 2(마케팅부), 02)6392-7873(편집부)
팩스 02)6392-7875
홈페이지 www.prunsoop.co.kr
페이스북 www.facebook.com/prunsoop   **인스타그램** @prunsoop

ⓒ푸른숲, 2024
ISBN 979-11-7254-023-4 (03320)